발가락이 닮았다

김동인

왕부의 낙조 / 전제자 / 딸의 업을 이으려 /
명문 / 태형 / 곰네

SR&B(새로본닷컴)

안견의 〈몽유도원도〉

〈베스트 논술 한국대표문학(전60권)〉을 펴내며

　어린 시절의 독서는 평생의 이성과 열정을 보장해 줄 에너지의 탱크를 채우는 일입니다. 인생의 지표를 세울 수 있는 가장 믿을 만한 방법이기도 합니다.

　새로 접하는 사물의 이치를 터득하려면 그 정보를 대뇌 속에 담는 프로그램이 마련되어 있어야 합니다. 그 프로그램을 구축하는 가장 효과적인 방법이 지속적인 독서입니다. 독서는 책과 나의 쌍방향적인 대화이며 만남이며 스킨십입니다.

　그러나 단순한 독서만으로는 생각하는 힘과 정확히 표현하는 힘을 키울 수 없습니다. 〈베스트 논술 한국대표문학〉은 이에 유의하여 다음과 같이 편찬하였습니다.

① 초 · 중 · 고 교과서에 실린 고전 및 현대 문학 작품부터 〈삼국유사〉, 〈난중일기〉, 〈목민심서〉 등 우리의 정신을 일깨워 주고 우리에게 지혜와 용기를 준 '위대한 한국 고전'에 이르기까지 한 권 한 권을 가려 뽑았습니다.

② 각 권의 내용과 특성을 분석하여, '작가와 작품 스터디', '논술 가이드' 등을 덧붙여 생각하는 힘, 표현하는 힘을 키울 수 있도록 각 분야의 권위 학자, 논술 전문가들이 심혈을 기울였습니다.

③ 특히 현대 문학 부문은 최근 학계에서, 이 때까지의 오류를 바로잡아 정확한 텍스트를 확정한 것을 반영하였고, 고전 부문은 쉽고 아름다운 현대 국어로 재현하였습니다.

④ 각 작품에 관련된 작가의 고향을 비롯한 작품의 배경, 작품의 참고 자료 등을 일일이 답사 촬영하거나 수집 · 정리하여 화보로 꾸몄고, 각 작품의 갈피 갈피마다 아름다운 그림을 넣어, 작품에 좀더 친근감 있게 접근할 수 있도록 하였습니다.

　이 〈베스트 논술 한국대표문학〉이 여러분이 '큰 사람', '슬기로운 사람'이 되는 데 충실한 밑거름이 되기를 바랍니다.

〈베스트 논술 한국대표문학〉 편찬위원회

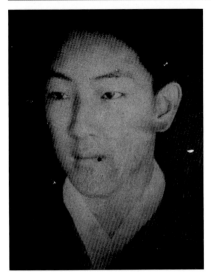

일본 유학생 시절의 김동인

20대의 김동인

부여 고란사에서의 김동인(오른쪽)

유적지에서의 김동인

김동인 상

〈광화사〉의 표지

김동인이 창간한 〈창조〉

김동인의 결혼 사진

서울역 플랫폼에서

〈대수양〉의 표지　　　　　　〈춘원 연구〉의 표지　　　　　　〈감자〉의 표지

서울 어린이 대공원에 세워진 김동인 문학비

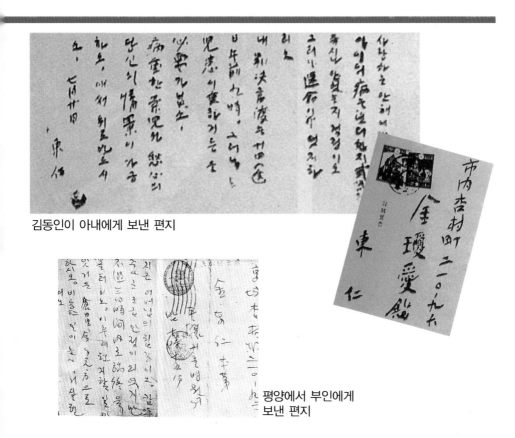

김동인이 아내에게 보낸 편지

평양에서 부인에게
보낸 편지

김동인 문학비의 뒷면에 새겨진 글

차례

발가락이 닮았다

발가락이 닮았다

노총각 M이 혼약을 하였다.

우리들은 이 소식을 들을 때에 뜻하지 않고 서로 얼굴을 마주 보았습니다.

M은 서른두 살이었습니다. 세태가 갑자기 변하면서 혹은 경제 문제 때문에, 혹은 적당한 배우자가 발견되지 않기 때문에, 혹은 단지 조혼이라 하는 데 대한 반항심 때문에, 늦도록 총각으로 지내는 사람이 많아 가기는 하지만, 서른두 살의 총각은 아무리 생각하여도 좀 너무 늦은 감이 없지 않았습니다.

그래서 그의 친구들은 아직껏 기회가 있을 때마다 그에게 채근 비슷이, 결혼에 대한 주의를 하곤 하였습니다. 그러나 M은 언제나 그런 의논을 받을 때마다 (속으로는 흥미를 가진 것이 분명한데) 겉으로는 고소*로써 친구들의 말을 거절하곤 하였습니다. 그러던 M이 우리가 모르는

---

* 고소(苦笑) 쓴웃음.

틈에 어느덧 혼약을 한 것이외다.

M은 가난하였습니다. 매우 불안정한 어떤 회사의 월급쟁이였습니다. 이 뿌리 약한 그의 경제 상태가 그로 하여금 늙도록 총각으로 지내게 한 듯도 합니다. 그리고 이 때문에 친구들은 M의 총각 생활을 애석히 생각하여 장가들기를 권하는 것이었습니다.

그러나 나만은 M이 장가를 가지 않는 데 다른 종류의 해석을 내리고 있었습니다. 의사라는 나의 직업이 발견한 M의 육체적인 결함 —— 이것 때문에 M은 서른이 넘도록 총각으로 지낸다, 나는 이렇게 믿고 있었습니다.

M은 학생 시절부터 대단한 방탕 생활을 하였습니다. 방탕이라야 금전상의 여유가 부족한 그는, 가장 하류에 속하는 방탕을 하였습니다. 오십 전 혹은 일 원만 생기면 즉시로 우동집이나 유곽으로 달려가던 그였습니다. 체질상, 성욕이 강한 그는 그 불붙는 정욕을 끄기 위하여 눈앞에 닥치는 기회는 한 번도 놓치지 않았습니다. 친구들을 만날지라도, 음식을 한턱하라기보다 유곽을 한턱하라는 그였습니다.

"질로는 모르지만, 양으로는 세계의 누구에게든 지지 않을 테다."

관계한 여인의 수효에 대하여 이렇게 방언*하기를 주저치 않을 만큼 그는 선택이라는 도정을 밟지 않고 집어 세웠습니다. 스물서너 살에 벌써 이백 명은 넘으리라는 것을 발표하였습니다.

서른 살 때는 벌써 괴승 신돈이를 멀리 눈 아래로 굽어보았을 것입니다. 그런지라 온갖 성병을 경험하지 못한 것이 없었습니다. 더구나 술이 억 배요, 그 위에 유달리 성욕이 강한 그는 성병에 걸린 동안도 결코 삼가지를 않았습니다.

일 년 삼백육십여 일 그에게서 성병이 떠나 본 적이 없었습니다. 늘

---

* 방언(放言) 거리낌없이 함부로 내놓는 말.

농이 흐르고 한 달 건너쯤 고환염으로써, 걸음걸이도 거북스러운 꼴을 하여 가지고 나한테 주사를 맞으러 오곤 하였습니다. 그러는 동안에도 오십 전, 혹은 일 원만 생기면 또한 성행위를 합니다. 이런지라 물론 그는 생식 능력이 없어진 사람이었습니다.

이 일을 잘 아는 나는, M이 결혼을 안 하는 이유를 여기다가 연결시키고, 그의 도덕심(?)에 동정까지 하고 있었습니다. 일생을 빈곤한 가운데서 보내고 늙은 뒤에도 슬하도 없이 쓸쓸하게 지낼 그, 더구나 자기를 봉양할 슬하가 없기 때문에 백발이 되도록 제 손으로 이 고해를 헤엄쳐 나갈 그는, 과연 한 가련한 존재이겠습니다.

이렇던 M이 어느덧 우리의 모르는 틈에 우물우물 혼약을 한 것이외다.

하기는 며칠 전에 이런 일이 있었습니다. 그 날 저녁을 먹은 뒤에, 혼자서 신간 치료 보고서를 읽고 있을 때에 M이 찾아왔습니다. 그리고 비교적 어두운 얼굴로 내가 묻는 이야기에도 그다지 시원치 않은 듯이 입술엣대답을 억지로 하고 있다가, 이런 질문을 나에게 던졌습니다.

"남자가 매독을 앓으면 생식을 못하나?"

"괜찮겠지."

"임질은?"

"글쎄, 고환은 '오카사레루*' 하지 않으면 괜찮아."

"고환은 —— 내 친구 가운데 고환염을 앓은 사람이 있는데, 인제는 생식을 못 하겠다고 비관이 여간이 아니야. 고환을 '오카사레루' 하면 절대 불가능인가? 양쪽 다 앓았다는데……."

"그것도 경하게 앓았으면 영향 없겠지."

"가령 그 경하다치면 —— 내가 앓은 게 그게 경한 편일까, 중한 편일까?"

---

* 오카사레루 '병에 걸리다' 라는 뜻의 일본말.

나는 뜻하지 않고 그의 얼굴을 보았습니다. 중하기도 그만치 중하게 앓은 뒤에, 지금 그게 경한 거냐 중한 거냐 묻는 것이 농담으로밖에는 들리지 않았으므로……. M의 얼굴은 역시 무겁고 어두웠습니다. 무슨 중대한 선고를 기다리는 사람과 같이 눈을 푹 내리뜨고 나의 대답을 기다리고 있었습니다.

잠시 그의 얼굴을 바라본 뒤에, 나는 어이가 없어서,

"아주 경한 편이지."

이렇게 대답하여 버렸습니다.

"경한 편?"

"그럼."

이리하여 작별을 하였는데, 지금에 이르러 생각하면 그 저녁의 그 문답이 오늘날의 그의 혼약을 이루게 하지 않았는가 합니다.

M이 혼약을 하였다는 기보*를 가지고 온 것은 T라는 친구였습니다. 그 때는 마침 (다 M을 아는) 친구가 서너 사람 모여 있을 때였습니다.

"골동품 —— 국보 하나 없어졌다."

누가 이런 비평을 가하였습니다.

나는 T에게 이렇게 물었습니다.

"그래 연애로 혼약이 된 셈인가요?"

"연애? 연애가 다 무에요. 갈보, '나카이'* 밖에는 여자라는 걸 모르는 녀석이 어디서 연애의 대상을 구하겠소?"

"그럼 지참금이라도 있답디까?"

"지참금이란 뉘 집 애 이름이오?"

나는 여기서 이 혼약에 대하여 가장 불유쾌한 면을 보았습니다. 삼십

---

* **기보**(奇報) 이상한 소식.
* **나카이** '요릿집이나 유곽 등에서 손님을 접대하는 여자'를 뜻하는 일본말.

이 넘도록 총각으로 지낸 그로서, 연애라 하는 기묘한 정사 때문에 그절을 굽혔다면, 그것은 도리어 축하할 일이지 책할 일이 아니외다. 지참금을 바라고 혼약을 하였다 하여도, 지금의 세상에 살아가는 우리로서(더구나 그의 빈곤을 잘 아는 처지인지라) 크게 욕할 수가 없는 일이외다. 그러나 연애도 아니요, 금전 문제도 아닌 이 혼약에서는 가장 불유쾌한 한 가지의 결론밖에는 얻을 수가 없습니다.

"그럼——."

나는 가장 불유쾌한 어조로 이렇게 말하였습니다.

"유곽에 다닐 비용을 절약하기 위하여 마누라를 얻은 셈이구려."

이 혹평에 대하여는 T도 마땅치 않다는 듯이 나를 보았습니다.

"그렇게 혹언할 것도 아니겠지요. M도 벌써 서른두 살이든가, 세 살이든가, 좌우간 그만하면 차차로 자식도 무릎에 앉혀 보고 싶을 게고, 그렇다고 마땅한 마누라를 선택할 길이나 방법은 없고——."

"자식? 고환염을 그만침이나 심히 앓은 녀석에게 자식? 자식은——."

불유쾌하기 때문에 경솔히도 직업적 비밀을 입 밖에 낸 나는 하던 말을 중도에 끊어 버렸습니다. 그러나 이미 한 말까지는 도로 삼킬 수가 없었습니다.

"네? 그게 무슨 말씀이오?"

M의 생식 능력에 대하여 사면에서 질문이 들어왔습니다. 이미 한 말에 대하여 책임을 지지 않을 수 없는 나는, 그 말을 돌려 꾸미기에 한참 애를 썼습니다. 단언할 수는 없지만 혹은 M은 생식 능력이 없을지도 모른다, 그러나 진찰을 안 해 본 바이니까, 혹은 또한 생식 능력이 있을지도 모른다, M이 너무나도 싱거운 혼약을 한 데 대하여 불유쾌하여 그런 혹언을 하였지만 그 말은 취소한다. 이러한 뜻으로 꾸며 대었습니다. 그리고 그 좌석에 있던 스무 살쯤 난 젊은이가,

"외려 일생을 자식 없이 지내면 편치 않아요?"

이러한 의견을 내는 데 대하여, '젊은이로서는 도저히 이해할 수 없는 혈속*의 애정'이라는 문제와 그 문제를 너무도 무시하는 이즘의 풍조에 대한 논평으로 말머리를 돌려 버리고 말았습니다.

M은 몰래 결혼식까지 하였습니다. 그의 친구들로서 M의 결혼식 날짜를 미리 안 사람은 한 사람도 없었습니다. 뿐만 아니라, 지금 모두들 제각기 하는 소위 신식 혼례식을 하지 않고, 제 집에서 구식으로 하였습니다. 모 여고보 출신인 신부는 구식 결혼이 싫다고 하였지만, M이 억지로 한 것이라고 합니다.

이리하여 유곽에서는 한 부지런한 손님을 잃어버렸습니다.

"독점이라 하는 건 참 유쾌하거든."

결혼한 뒤에 M이 어느 친구에게 이런 말을 하였다 합니다. 비록 연애로써 성립된 결혼은 아니지만, 그다지 실패의 결혼은 아닌 듯하였습니다. 오십 전, 혹은 일 원의 돈을 내던지고 순간적 성욕의 만족을 사던 이 노총각이, 꿈에도 생각지 못한 독점을 하였으매, 그의 긍지가 작지 않았을 것이외다.

연애 결혼은 아니었지만 결혼한 뒤에 연애가 생긴 듯하였습니다. 언제든 음침한 기분이 떠돌던 그의 얼굴이, 그럴싸해서 그런지 좀 밝아진 듯하였습니다.

"복 받거라."

우리들, 더구나 나는 그들의 결혼식을 심축*하였습니다. 처음에는 한낱 M의 성행위의 기구로 M과 결합케 된 커다란 희생물인 그의 아내를 위하여, 이것이 행복된 결혼이 되기를 축수*하였습니다. 동기는 여

---

* **혈속(血屬)** 혈통을 잇는 살붙이.
* **심축(心祝)** 진심으로 축복함.
* **축수(祝手)** 두 손을 모아 빎.

하튼 결과에 있어서 아름다운 열매를 맺어라. 너의 아내로서, 한 개 '희생물'이 되지 않게 하여라. 어머니로서의 즐거움을 맛볼 기회가 없는 너의 아내에게, 그 대신 아내로서는 남에게 곱 되는 즐거움을 맛보게 하여라. M의 일을 생각할 때마다 진심으로 이렇게 축수하였습니다.

　신혼의 며칠이 지난 뒤부터는 M이 젊은 아내를 학대한다는 소문이 조금씩 들렸습니다. 완력을 사용한단 말까지 조금씩 들렸습니다. 그러나 나는 이 문제는 그다지 크게 생각지 않았습니다. 이런 소문이 귀에 들어올 때마다 나는 〈아라비안 나이트〉의 마신의 이야기를 머릿속에서 되풀이하여 보곤 하였습니다.

어떤 어부가 그물질을 하고 있었습니다. 그런데 한 번은 그물을 끌어 올리니까 거기는 고기는 없고, 그 대신 병이 하나 걸려 있었습니다. 병은 마개가 닫혀 있고, 그 위에 납으로 굳게 봉함까지 되어 있었습니다.

어부는 잠시 주저한 뒤에 병의 봉함을 뜯고 마개를 뽑아 보았습니다. 즉, 병에서는 한 줄기 검은 연기가 하늘로 올라갔습니다. 그리고 하늘로 올라간 그 연기는 차차 뭉쳐서 거기는 커다란 마신이 나타났습니다.

"나를 이 병 속에 감금한 것은 선지자 솔로몬*이다. 이 병 속에 갇혀 있는 동안 스스로 맹세하였다. 백 년 안에 나를 구해 주는 사람이 있으면, 그 사람에게 거대한 부를 주겠다고. 그리고 백 년을 기다렸지만 아무도 나를 구해 주는 사람이 없었다. 그래서 나는 다시 맹세했다. 인제 다시 백 년 안으로 나를 구해 주는 사람이 있으면 나는 그 사람에게 이 세상에 있는 보배를 다 주겠다고. 그리고 헛되이 백 년을 더 기다린 뒤에, 백 년을 더 연기해서 그 백 년 안에 나를 구해 주는 사람이 있으면, 그 사람에게 이 세상에서 가장 큰 권세와 영화를 주겠다고—— 그러나 그 백 년이 다 지나도 역시 구해 주는 사람이 없었다. 그래서 나는 마지막으로 다시 맹세했다. 인제 누구든지 나를 구해 주는 놈이 있거든 당장에 그 놈을 죽여서 그 새 갇혀 있던 그 분풀이를 하겠다고."

이것이 병 속에서 나온 마신의 이야기였습니다. M이 자기의 젊은 아내를 학대한다는 소문이 들릴 때에, 나는 이 이야기를 생각지 않을 수가 없었습니다. 삼십이 지나도록 총각으로 지낸 그 고통

* 솔로몬(solomon) '지혜의 왕'으로 알려진 고대 이스라엘 왕국의 왕.
(기원전 재위 971?~기원전 932?)

솔로몬과 시바 여왕의 회견

과 고적함에 대한 분풀이를 제 아내에게 하는 것이라 했습니다. 그리고 실컷 학대해라, 더욱 축수하였습니다.

M이 결혼한 지 일 년이 거의 된 어떤 날 저녁이었습니다. 그와 나는 어떤 곳에서 저녁을 같이하고 있었습니다.

그의 얼굴은 이 날 유난히 어둡고 무거웠습니다. 그는 음식에는 거의 손을 대지 않고 술만 들이켜고 있었습니다. 본시 말이 많지 않은 그가 이 날은 더욱 입이 무거웠습니다.

몹시 취하여 더 술을 먹지 못하리만치 되어서, 그는 처음으로 자발적으로 입을 열었습니다. 충혈이 된 그의 눈은 무시무시하게 번득였습니다.

"여보게, 여보게, 속이지 말구 진정으로 말해 주게. 내게 생식 능력이 있겠나?"

"글쎄, 검사를 해 봐야지."

나는 이만치 하여 넘기려 하였습니다.

"그럼 한 번 진찰해 봐 주게."

"왜 갑자기——."

그는 곧 대답하려 하였습니다. 그러나 나오려던 말을 삼켰습니다. 그리고 다시 술을 한 잔 먹은 뒤에 눈을 푹 내리뜨며 말했습니다.

"아니, 다른 게 아니라 내게 만약 생식 능력이 없다면 저 사람(자기의 아내)이 불쌍하지 않나? 그래서 없는 게 판명되면, 아직 젊었을 때에 헤어져서 저 사람이 제 운명을 다시 개척할 '때'를 줘야지 않겠나? 그래서 말일세."

"진찰해 보아야지."

"그럼 언제 해 보세."

그 며칠 뒤에 나는 M의 아내가 임신했다는 소문을 듣고 깜짝 놀랐습니다. 검사해 볼 필요도 없습니다. M은 그 능력이 없을 것입니다. 그런

데 M의 아내는 임신했습니다.

그리고 며칠 전에 M이 검사하겠다던 마음을 짐작했습니다. 그것은 결코 그 날의 제 말마따나 '아내의 장래를 위하여' 하려는 것이 아니고, 아내에 대한 의혹 때문에 하여 보려는 것일 것이외다. 자기도 완전히 모르는 바는 아니로되, 십중팔구는 자기는 생식 불능자일 텐데 자기의 아내는 임신을 한 것이외다.

생각하면 재미있는 연극이외다. 생식 능력이 없는 M은, 그런 기색도 뵈지 않고 결혼을 하였습니다. 그리하여 M에게로 시집을 온 새 아내는 임신을 하였습니다. 제 남편이 생식 불능자인 줄을 모르는 아내는, 버젓이 자기가 가진 죄의 씨를 M에게 자랑하고 있을 것이외다.

일찍이 자기가 생식 불능자인지도 모르겠다는 점을 밝혀 주지 않은 M은, 지금 이 의혹의 구렁텅이에서도 제 아내를 책할 권리가 없을 것이외다.

그가 검사를 하겠다 하나, 검사를 하여서 자기가 불구자인 것이 판명된 뒤에는 어떤 수단을 취할는지 짐작도 할 수가 없습니다. 아내의 음행*을 책하자면, 자기의 사기적 행위를 폭로시키지 않을 수가 없을 것이외다. 그것을 감추자면, 제 번민만 더욱 크게 할 것이외다.

어떤 날 그는 검사를 하자고 왔습니다. 그 때 마침 환자가 몇 사람 밀려 있던 관계상 나는 그를 내 사무실에 가서 좀 기다리라 하고, 환자 처리를 다 하고 내려갔습니다. 그랬더니 그는 나를 기다리지 않고 돌아가 버렸습니다.

이튿날 그는 다시 왔습니다. 그러나 그는 또 돌아가 버렸습니다.

나는 사실 어찌하여야 할지 똑똑히 마음을 작정치 못했던 것이외다. 검사한 뒤에 당연히 사멸해 있을 생식 능력을, 살아 있다고 하자니, 그

---

* 음행(淫行) 음란한 짓.

것은 나의 과학적 양심이 허락하지 않는 바외다. 그러나 또한 사멸하였다고 하자니, 이것은 한 사람의 일생을 망쳐 버리는 무서운 선고에 다름없습니다.

M이라 하는 정당한 남편을 두고도 불의의 쾌락을 취하는 M의 아내는 분명히 책받을 여인이겠지요.

그러나 또한 다른 편으로 이 사건을 관찰할 때에, 내가 눈을 꾹 감고 그릇된 검안을 내린다면 그로 인하여, 절대로 불가능하던 M이 슬하에 사랑스런 자식(?)을 두고 거기서 노후의 위안도 얻을 수 있을 것이요, 만사가 원만히 해결될 것이외다.

내가 자유로 선택할 수 있는 두 가지의 갈림길에 서서, 나는 어느 편 길을 취하여야 할지 판단을 주저하고 있었습니다. 이 문제가 사오 일 뒤에 저절로 해결이 되었습니다. 그 날도 역시 침울한 얼굴로 찾아온 M에게 대하여 나는 의리상,

"오늘 검사해 보자나?"

하니깐 그는 간단히 대답하였습니다.

"벌써 했네."

"응? 어디서?"

"P병원에서."

"그래서 그 결과는?"

"살았다네."

"?"

나는 뜻하지 않고 그의 얼굴을 보았습니다. 그것은 의외의 대답을 들은 때문이라기보다 오히려 '살았다네.' 하는 그의 음성이 너무 침통했기 때문에……

이렇게 대답하는 동안 나는 내가 하마터면 질 뻔한 괴로운 임무에서 벗어난 안심을 느끼는 동시에, P병원에서의 검안의 의외에 눈을 크게

뜨지 않을 수가 없었습니다.

내 눈을 만난 M의 눈은 낭패한 듯이 이리저리 돌아다녔습니다. 그리고 나는 그 눈으로 그가 방금 한 말이 거짓말이었음을 알았습니다.

그럼 그는 왜 거짓말을 하였나? 자기의 아내의 명예를 보호하기 위하여? 세상과 제 마음을 속여 가면서라도 자식을 슬하에 두어 보기 위하여? 나는 그의 마음을 알 수가 없었습니다.

그가 입을 열었습니다. 무겁고 침울한 음성이었습니다.

"여보게, 자네 이런 '기모치*' 알겠나?"

"어떤?"

그는 잠시 쉬어서 말을 시작했습니다.

"월급쟁이가 월급을 받았네. 받은 즉시로 나와서 먹고 쓰고 사고, 실컷 마음대로 돈을 썼네. 막상 집으로 돌아가는 길일세. 지갑 속에 돈이 몇 푼 안 남아 있을 것은 분명해. 그렇지만 지갑을 못 열어 봐. 열어 보기 전에는 혹은 아직은 꽤 많이 남아 있겠거니 하는 요행심*도 붙일 수 있겠지만, 급기 열어 보면 몇 푼 안 남은 게 사실로 나타나지 않겠나? 그게 무서워서 아직 있거니, 스스로 속이네그려. 쌀도 사야지, 나무도 사야지. 열어 보면 그걸 살 돈이 없는 게, 사실로 나타날 테란 말이지. 그래서 할 수 있는 대로 지갑에서 손을 멀리하고 제 집으로 돌아오네. 그 '기모치' 알겠나?"

나는 머리를 끄덕였습니다.

"알겠네."

그는 다시 입을 봉하였습니다. 그러나 그 때에 나는 알았습니다. M은 검사도 하여 보지 않은 것이외다. 그는 무서워합니다. 그는 검사를 피합니다. 자기의 아내가 임신을 하였습니다. 그것은 상식으로 판단하

---

* 기모치 '기분, 감정'을 뜻하는 일본말.
* 요행심(僥倖心) 뜻밖에 얻어지는 행운을 바라는 마음.

여 물론 남편의 아이일 것이외다. 거기에 대하여 의심을 품을 자는 하나도 없을 것이외다. 의심을 품을 필요도 없는 것이외다. 왜? 여인이 남편을 맞으면 원칙상 임신을 하는 것이 당연한 일이니깐.

이 의심할 필요가 없는 일을 의심하다가 향기롭지 못한 결과가 나타나면 이것은 자작지얼*로서 원망을 할 곳이 없을 것이외다. 벌의 둥지를 건드리는 것은 어리석은 짓이외다. 십중팔구는 향기롭지 못한 결과가 나타날 '검사'를, M은 회피한 것이외다.

절망을 스스로 사지 않으려 그리고 번민 가운데서도 끝끝내 일루의 희망을 붙여 두려 M은 온전히 '검사'라는 위험한 벌의 둥지를 건드리지 않기로 한 것이외다.

그리고 상식으로 판단할 수 있는 (제 아내의 뱃속에 있는) 자식에 대하여, 억지로 애정을 가져 보려 결심한 것이외다. 검사를 하여서 정충이 살아 있으면 다행한 일이지만, 사멸하였다면 시재 제 아내와의 새에 생길 비극과 분노와 절망은 둘째 두고라도, 일생을 슬하에 혈육이 없이 보내고, 노후에 의탁할 곳을 가질 가능성조차 없는 절망의 지위에 빠지지 않을 수가 없을 것이외다.

이것은 무서운 일이외다. 상식으로 판단할 수 있는 일을 거부하고까지 이런 모험 행위를 할 필요가 없을 것이외다. 이리하여 그는 검사는 단념했지만, 마음에 있는 의혹만은 온전히 끄지를 못한 모양이었습니다. 그 뒤 어떤 날, 그는 이런 이야기 저런 이야기를 하다가 이런 말을 했습니다.

"자식은 꼭 제 애비를 닮는다면 좋겠구먼……."

거기 대하여 나는 닮은 예를 여러 가지로 들어서 말해 주었습니다. 그는 한숨을 내쉬었습니다.

---

* **자작지얼**(自作之蘖) 자기가 저지른 일로 말미암아 생긴 재앙.

"여인이 애를 배면 걱정일 테야. 아버지나 친할아버지를 닮는다면 문제는 없겠지만, 외편을 닮거나, 그렇지 않으면 아무도 닮지 않으면 걱정이 아니겠나. 그저 애비를 닮아야 제일이야. 하하하."

나는 대답하였습니다.

"글쎄 말이지. 내 전문이 아니니깐 이름은 기억 못하지만, 독일 소설에 이런 게 있지 않나. 〈아버지〉라나 하는 희곡 말일세. 자식을 낳았는데 제 자식인지 아닌지 몰라서 번민하는 그런 이야기가 있지? 그것도 아버지만 닮으면 문제가 없겠지."

"아──아, 다 귀찮어."

M의 아내가 아이를 낳았습니다.

그 아이가 반 년쯤 자랐습니다.

어떤 날 M은 그 아이를 몸소 안고, 병을 뵈러 나한테 왔습니다. 기관지가 조금 상하였습니다.

약을 받아 가지고도 그냥 좀 앉아 있던 M은 묻지도 않는 이런 말을 하였습니다.

"이놈이 꼭 제 증조부님을 닮았다거든."

"그래?"

나는 그의 말에 적지 않은 흥미를 느끼면서 이렇게 응했습니다. 내 눈으로 보자면, 그 어린애와 M과는 아무런 관련도 없는 바인데, 그 애가 M의 할아버지를 닮았다는 것은 기이하므로……. 어린애의 진편*과 외편의 근친*에서 아무도 비슷한 사람을 찾아 내지 못한 M의 친척은, 하릴없이 예전의 죽은 조상을 들추어 낸 모양이었습니다. 그리고 그 어린애에게, 커다란 의혹과 그보다 더 커다란 희망(의혹이 오해였던 것을

---

* **진편** 친족. 아버지 쪽의 일가.
* **근친(近親)** 가까운 일가붙이. 8촌 이내 혈족.

바라는)은 M으로 하여금 손쉽게 그 말을 믿게 한 모양이었습니다. 적어도 신뢰하려고 마음먹게 한 모양이었습니다.

내가 자기의 말에 흥미를 가지는 것을 본 M은, 잠시 주저하다가 그가 예비했던 둘째 말을 마침내 꺼내었습니다.

"게다가 날 닮은 데도 있어."

"어디?"

"이 보게."

M은 어린애를 왼편 팔로 가만히 옮겨서 붙안으면서*, 오른손으로는 제 양말을 벗었습니다.

"내 발가락 보게. 내 발가락은 남의 발가락과 달라서, 가운데 발가락이 그중 길어. 쉽지 않은 발가락이야. 한데——."

M은 강보*를 들치고 어린애의 발을 가만히 꺼내어 놓았습니다.

"이놈의 발가락 보게. 꼭 내 발가락 아닌가. 닮았거든……."

M은 열심으로, 찬성을 구하는 듯이 내 얼굴을 바라보았습니다. 얼마나 닮은 곳을 찾아보았기에 발가락 닮은 것을 찾아 내었겠습니까?

나는 M의 마음과 노력이 눈물겨워졌습니다. 커다란 의혹 가운데서, 그 의혹을 어떻게 하여서든 삭여 보려는 M의 노력은, 인생의 가장 요절할 비극이었습니다. M이 보라고 내놓은 어린애의 발가락은 안 보고 오히려 얼굴만 한참 들여다보고 있다가, 나는 마침내 이렇게 말하였습니다.

"발가락뿐 아니라, 얼굴도 닮은 데가 있네."

그리고 나의 얼굴로 날아오는 (의혹과 희망이 섞인) 그의 눈을 피하면서 돌아앉았습니다.

---

* **붙안다** 물체나 사람을 몸에 붙게 두 팔로 감싸 안다.
* **강보(襁褓)** 갓난아이를 밖으로 데리고 나갈 때 아이의 몸을 덮거나 두르거나 하는, 비교적 얇은 천. 포대기.

왕부의 낙조*

자시——.

축시——.

인시도 거의 되었다.

송악*을 넘어서 내리부는 이월의 혹독한 바람은 솔가지에서 처참한 노래를 부르고 있고, 온 천하가 추위에 오그라뜨리고 있는 겨울 밤중이었다.

이 추위에 위압되어 한길에는 개새끼 한 마리 얼씬하지 않고, 개경 십만 인구는 두터운 이불 속에서 겨울의 긴 꿈을 꾸고 있을 때다.

그러나 대궐에는 이 깊은 밤임에도 불구하고 고관에서부터 말직까지가 모두 입직하여 있고, 방방이 경계하는 듯한 촛불이 어른거리고 있었다.

왕후궁 노국 대장 공주*전의 앞에는 내시며 궁액*들이 몸을 웅크리

---

* **낙조**(落照) 지는 햇빛.
* **송악**(松嶽) 송악산. 경기도 개성 북쪽에 있는 산. 높이 448m.
* **노국 대장 공주**(魯國大長公主) 노국 공주. 고려 제31대 공민왕의 왕비. 중국 원나라의 황족인 위왕의 딸임.(?~1365)
* **궁액**(宮掖) 각 궁에 딸려 있던 하인.

고 추위에 떨며 심부름을 기다리고 있었고, 침전의 밖에도 두 명이 지키고 있었다.

침전 —— 정침에는 아무도 없는 대신에 그 협실에 두 사람이 있었다. 협실에 안치한 불상 앞에 중 편조*가 합장을 하고 꿇어앉아 있고, 그 곁에는 고려 국왕 공민*이 단아히 역시 불상 앞에 머리를 숙이고 앉아 있었다. 난산* 후에 환후 위독한 왕후 대장 공주의 쾌차를 불전에 빌기 위하여, 왕은 비밀히 중 편조를 침전까지 불러들여서 여기서 기원을 드리게 한 것이었다.

부처에 매우 귀의해 있는 왕이, 이전 원나라에 있을 때에 구해 두었던 영하다는 불상 앞에, 지성으로 꿇어 엎드려 있는 왕과 편조——.

어지럽고 불길한 일이 박두*해 있는 가운데서도 고요히 고요히 깊어 가는 겨울의 밤을, 왕과 편조는 불상 앞에 엎드려서 공주의 쾌차를 빌고 있었다. 궁중에 비밀히 불러들인 편조라, 큰 소리로 기원을 외우지도 못하고, 입 속으로 드리는 기원에 왕은 연하여 합장 예배하였다.

이 때에 복도를 좇아서 공주부(숙옹)에서 침전으로 달려오는 가벼운 발소리가 들렸다. 가벼운 소리나 또한 황급히 달려오는 소리였다.

왕은 빨리 일어나서 협실에서 정침으로 나왔다. 협실과 정침을 가로막는 장짓문을 겨우 닫을 때쯤, 공주부에서 달려온 궁녀가 침전 밖에 시직하는 내시에게 무엇을 소곤소곤 전하는 소리가 들렸다.

왕이 자리를 잡을 때에,

"환관 최만생 아뢰옵니다."

"음, 무에냐?"

---

* **편조(遍照)** 신돈(?~1371)의 법명. 고려 말의 중으로, 공민왕의 신임을 얻어 정치에 깊이 관여함.
* **공민(恭愍)** 공민왕(1330~1374). 고려 제31대 왕.(재위 1351~1374)
* **난산(難産)** 아기낳기에 고생함.
* **박두(迫頭)** 가까이 닥쳐 옴.

공민왕의 〈천산대렵도〉

"잠깐 내전까지 입어*합시사는 후전 마마의 전탁이 계시오니다."

"음, 가마."

황황히 일어나서 내시의 부액도 받을 겨를이 없이 공주부로 발을 옮길 동안, 왕의 가슴은 놀랍게도 방망이질하였다.

공주부에 입시해 있는 전의의 표정을 보고 왕은 벌써 사태가 그른 것을 직각*하였다.

진맥을 하기 위하여 뚫은 병풍의 구멍 틈으로 은어와 같은 공주의 손의 맥을 짚고 있던 전의는, 왕의 임어*에 허리를 굽히기는 굽혔지만 얼굴로서는 절망의 뜻을 나타내었다.

병풍을 돌아서 공주에게로 내려가매, 머리맡에는 왕의 어머님 명덕 태후가 앉아 있고, 발치에는 혜비 이씨가 앉아 있으며, 그 뒤로는 몇몇 지밀 궁녀들이 지켜 있다가, 왕의 임어에 조금씩 자리를 움직이기는 하였지만, 말 한 마디도 없이 공주의 누워 있는 얼굴로 눈들을 향하고 있다.

왕은 공주의 침두*에 가서 고요히 앉았다.

몽고인 특유의 기다란 살눈썹이 반달 모양으로 굳게 닫겨 있고, 좀 짧은 듯한 웃입술이 방싯이 열려서, 기운 없는 호흡이 그 틈으로 드나드는 것을 알 수가 있었다.

비교적 넓고 균형 잘 된 백옥 같은 이마에는 머리칼이 두어 올 걸려 있었으며, 그 사이 십 개월 간의 태중과 이번 난산 때문에 여위고 여윈 뺨에는, 따로 만들어 붙인 듯이 광대뼈가 솟아 보였다.

왕은 손을 들어서 고요히 공주의 이마에 얹었다. 선뜻한 왕의 손이 이마에 얹히우매, 공주는 눈을 번쩍 떴다.

번쩍 띄운 눈은 잠시 허공에서 방황하였다. 허공에서 희번덕이던 눈

---

* 입어(入御) 임금이 편전에 들어 좌정하는 것.
* 직각(直覺) 보거나 듣는 즉시로 바로 깨달음.
* 임어(臨御) 임금이 그 자리에 왕림함.
* 침두(枕頭) 베갯머리.

이 왕에게로 돌아와서 잠시 머무를 동안, 겁에 들뜬 듯하던 눈은 차차 사람다운 표정을 갖기 시작하였다. 왕을 알아본 것이었다.

"상감마마!"

비로소 입에서 나온 말——.

왕은 곁에 놓인 붓으로 공주의 마른 입술을 추겨 주려고 손을 움직이려 할 때에, 공주의 손이 벼락같이 왕의 손을 와서 잡았다.

단지 사람다운 표정이 나타나 있는 데 지나지 못하던 공주의 눈이, 순간에 변하여 타는 듯한 정열이 넘쳐 흐른다.

"상감마마, 상감마마!"

"공주, 좀……."

"상감마마, 신을 안아 주세요."

움직일 기운이 없는 몸을 억지로 움직이려는 그 고민! 왕은 양팔을 공주의 허리 아래로 넣어서 공주의 몸을 안았다.

상반신을 왕의 무릎에 올려놓은 공주는, 최후의 정열 때문에 창백하던 얼굴이 붉게 변하고, 그 눈에는 광채가 났다.

"상감마마, 좀더 힘있게 안아 주세요. 힘껏 —— 신의 허리가 끊어지도록……."

왕의 팔의 힘이 차차 더하여 감을 따라서, 머리를 좀더 들어 보려는 공주의 최후의 노력——.

"상감마마, 신은 기쁘옵니다. 더 힘껏……. 신은—— 신은—— 다만 마마께 후사 없으신 것이 죄송……."

숨이 찬 듯이 말을 끊었다. 온 정열을 모아서 왕을 우러러보던 공주의 눈 힘도 어느덧 풀렸다. 걸근걸근 힘없는 숨소리——.

그 숨이 문득 끊쳤다. 왕의 마음이 철석 내려앉는 순간, 아직껏 좀 가볍던 공주의 몸이 천 근같이 무거워졌다.

"공주! 공주!"

예기는 하였었지만, 이 의외의 사변에 왕은 공주의 몸을 안은 채 어쩔 줄을 모르고 공주만 연하여 찾았다. 이 동안 국모 대장 공주의 승하*를 조상하는 애곡성*이 태후며 혜비 이씨 들에게서 터져 나왔다.

이튿날 국상은 정식으로 반포되었다.

공민왕 십사년 이월, 아직도 매운 바람이 몸을 여이는 겨울이었다.

긴 듯하고도 짧은 생애, 짧은 듯하고도 긴 생애——.

＊ 승하(昇遐) 임금이 세상을 떠남. 여기서는 대장 공주의 죽음을 뜻함.
＊ 애곡성(哀哭聲) 슬피 우는 소리.

왕이 아직 한낱 고려 종실*로서 백안첩목아(伯顔帖木兒)라는 몽고의 이름으로 원나라 서울에 잠저*해 있을 때에, 원나라 황제의 어명으로 원나라 종실 위왕의 딸을 아내로 맞았다.

즉 이번에 승하한 대장 공주였다. 후에 본국 고려로 돌아와서 충정왕의 뒤를 이어 고려 국왕이 된 이래 십사 년간을 변함 없이 사랑하던 왕비였다.

즉위 이래 십사 년간 어지러운 고려의 정파에 올라앉아서 파란 많은 생애를 보낼 동안, 사랑하는 공주의 내조만 없었더면, 왕은 이 왕위를 내어던지고 공주와 함께 어느 조용한 곳에 사랑의 보금자리를 찾으러 떠났을 것이다.

동과 서와 남쪽의 해변으로는 왜적의 난이 끊이지 않는 일면에, 또한 북쪽으로는 홍건적의 난이 있어서, 그 편도 한 때도 편안한 날이 없어, 어떤 때는 왕이 멀리 상주까지 몽진*을 한 일까지 있었다.

이렇듯 동, 남, 서, 북으로 외구의 환이 끊일 날이 없으면서, 또한 안으로는 내란이 끊이지를 않았다.

즉위 원년에 최유, 김원지의 무리가 원나라의 힘을 빌어서 본국인 고려를 침범하려던 일을 비롯하여 조일신, 김용 등의 난이라, 무엇이라, 한 때도 베개를 편안히 하고 잠잘 날이 없었다.

신임하는 신하와 대할 때에도, 저 사람의 마음의 배포가 어떤가를 속으로 경계하지 않을 수가 없는 왕의 입장이었다. 신임하는 신하가 연하여 당신을 배반할 때에, 왕의 눈에는 이 세상에 한 사람도 믿을 사람이 없이만 보였다.

이렇듯 얽히고 설킨 어지러운 국정에, 또한 재상가끼리의 세력 다툼

---

* 종실(宗室) 임금의 친족.
* 잠저(潛邸) 나라를 처음 이룩한 임금이나 종실에 들어온 임금으로서 아직 왕위에 오르기 전에 살던 집.
* 몽진(蒙塵) 임금이 난리를 피하여 안전한 곳으로 가는 일.

이며, 사병을 양성하는 장상끼리의 싸움이 끊이는 날이 없었다. 어지러운 정국이었다.

이런 어지러운 정국 안에서 왕후 노국 공주의 따뜻한 사랑만 없었더면, 왕은 일년을 왕위에서 배겨나지 못하였을 것이다.

이러한 어지러운 정국에서, 과거 십사 년간의 치적을 돌아보건대, 과연 용하였다.

먼저 원나라의 세력이 이 왕의 손으로 얼마만치 꺾이었다.

이전에는 무슨 소소한 일을 행할지라도 반드시 먼저 원나라에 품하여 허가를 얻고야 하던 것을, 이 왕의 대에서는 선참후주의 방침으로 나아갔다. 먼저 행하고 후에 아뢰었다.

아직껏은 각 재상 분권이던 정치를 중앙 집권을 꾀하여, 재상끼리의 세력 다툼을 얼마만치 완화시키고 모든 권세를 국왕인 당신이 잡았다.

그 밖에도 집안 문벌이나 학벌만 자랑하고 아무 실능력이 없는 재상들은 차차 경원해 버리고, 실능력을 가진 장상을 좌우에 모아들였다.

풍속에 있어서도 원나라 풍속과 고려의 풍속을 다 잘 알고 있느니만치 세밀한 주의로써 개량을 하였다.

각 뫼에 솔을 심어서 사태를 방비하고, 재상들의 매사냥을 금하여 공연한 살육을 막고, 아울러 이 때문에 밟히는 전토를 보호하고, 돈을 만들어서 일용에 편케 하고, 수차를 만들어 농사에 편리케 하고, 흔히 민간에 미행하여 백성의 고초를 살피고 —— 세세한 일까지 모두 살피고 살펴서 국운을 융성케 하여, 피폐하였던 고려의 국정이 바야흐로 이 왕의 대에서 중흥이 되나 보다 누구든 믿었다.

이 왕의 위업의 뒤에 숨은 공주의 내조의 힘이 얼마나 컸던고! 첩첩이 쌓인 어지러운 문제에 골머리 쏘아서, 에라, 왕이고 무에고 내어던지고 말까 할 때마다, 공주의 부드러운 손은 왕의 어깨에 얹히었다.

"상감마마, 마마께서 내어 던지시면 고려의 백성은 누구를 믿고 살리까?"

격려하는 공주의 말은 피곤한 왕으로 하여금 다시 용기를 내게 하였다.

빈전 —— 재궁을 지키는 왕.

수없이 피운 향의 연기가 자욱한 가운데 왕은 고요히 앉아 있었다.

"상감마마, 수라를 어쩌리까?"

환관 신소봉이 이렇게 아뢸 때도, 왕은 아무 대답도 없이 눈을 감고 있었다.

공주 승하한 지 벌써 초칠일이 지난 이 때까지, 왕은 아직도 수라를 받아 보지 않았다.

몇 번 냉수를 찾고 몇 번 태후의 강권에 못 이겨 술 몇 잔과 돈육 몇 점을 입에 넣어 본 뿐, 수라반은 대하지를 않았다.

여전히 끼니 때라고 환관은 예에 의지해서 수라를 채근하지만, 왕은 또한 여전히 예에 의지해서 대답도 없이 앉아 있을 뿐이었다.

"상감마마, 수라를 어쩌리까?"

신소봉은 한 번 더 채근하여 보았다. 그런 뒤에 잠시 기다려 보고는 이젠 자기의 직책은 다하였다는 듯이 왕과 재궁께 절하고 고요히 물러갔다.

"대사!"

신소봉이 밖으로 나간 뒤에, 비로소 왕은 눈을 조금 떴다. 그리고 편조를 찾았다.

가뜩이나 어두운 빈전에 향 연기까지 자욱하여 똑똑히 보이지는 않으나, 중 편조가 재궁 앞에 합장 명목하고 염불을 외우고 있었다.

"대사!"

"불러 계시오니까?"

"다시 공주는 안 돌아올까?"

"생자필멸*이올시다."

말이 끊어졌다. 또다시 왕은 눈을 감고 편조는 염불을 외웠다.

잠시는 정숙 가운데서 시간이 흘렀다. 잠시 뒤에 이번은 편조가 염불을 중지하고 왕의 편으로 돌아앉았다.

"생자필멸, 회자정리* —— 이것이 사람의 세상이올시다. 여기 이르러서는 왕후장상이라도 필부와 다를 것이 없습니다. 돌아가신 분은 이미 돌아가셨거니와, 전하께서는 전하를 아버지로 알고 있는 천만의 생령을 위해서라도 좀더 보중하시지 않으면 안 될까 하옵니다."

마디마디마다 똑똑히 끊어서 아뢰는 편조의 말. 그러나 왕은 여전히 응치 않았다.

"전하! 다른 점은 그만두고라도 공주전 재세시에 공주전께서 그렇듯 사랑하시던 이 창생을 위하셔서라도 옥체를 보중하옵셔야 하지 않겠습니까? 전하께서 애통하시는 마음은 어리석은 빈도도 짐작 못 하는 바가 아니옵니다마는, 이 창생을 위해서보다도 전하를 위해서보다도, 전하께서 이 창생을 버리시면 승하합신 공주전의 영이 가장 슬퍼하실 점을 생각하셔서라도, 좀더 보중하시지 않으면 안 될까 하옵니다."

무슨 말을 할지라도 여전히 눈을 감고 부처같이 가만히 앉아 있는 왕 ——. 좌우 눈에서는 눈물만 연하여 흘러서 침침한 촛불에 눈물이 번쩍거리고 있다.

편조는 딱하였다.

어떻게 하면 이 왕으로 하여금 조금이라도 마음을 돌려서 수라를 진어케 하나?

---

* 생자필멸(生者必滅) 생명이 있는 것은 반드시 죽음.
* 회자정리(會者定離) 만나는 사람은 반드시 헤어지게 된다는 말.

공주 승하한 뒤에는, 마치 산송장으로 자처하는 이 왕을 어떻게 하면 잠시라도 인간다운 감정과 감각을 회복하도록 하게 하나?

　본시부터 공주 한 사람을 사랑하고 다른 여인을 눈거들떠보지 않던 왕이라, 공주 승하한 뒤부터는 여인이란 여인은 모두 악마로만 보이는 모양이었다.

　이번 공주 승하한 뒤로는, 왕은 모든 아리따운 후궁들까지도 악마같이 보았다. 공주 이미 없는 이 세상에, 다른 계집들은 어째서 존재하느냐? 저런 계집들은 왜 살아 있고, 공주는 왜 없어졌느냐? 이러한 마음으로써 여인들을 빈전 가까이는 얼씬도 하지 못하게 하였다. 공주 승하하였는지라, 당연한 순서로 이젠 왕후의 자리에 오르게 된 '혜비 이씨'가 빈전에 들어오다가 왕에게 쫓겨난 이래로, 이 빈전에는 여인이라고는 왕의 모후되는 명덕 태후 한 사람이 들어오는 뿐, 다른 여인은 얼씬하지를 못하였다.

　지금에 있어서 가장 근심되는 것은 왕의 건강이었다.

　벌써 팔구 일간을 수라를 진어치 않았으매, 어떻게 하여서든 수라반을 대하게 하도록 하는 것이 제일 급무였다.

　수라를 권키 위하여, 왕께 생자필멸의 이치를 강론하던 편조는, 이 돌부처와 같은 왕을 우러러보며 잠시 가만히 있다가, 한 걸음 무릎으로 나아가서 왕의 딱 맞은편에 앉았다.

　"전하!"

　대답이 없었다.

　"전하!"

　"……."

　"전하!"

　편조는 왕의 양손(무릎 위에 합장하고 있는)을 꽉 잡았다.

　"전하, 전하!"

"대사!"

왕은 비로소 입을 열었다. 그러나 이것은 폭발하려는 통곡의 그 서곡이었다. 대사 —— 한 마디 부른 뿐, 왕은 체면을 내던지고 당신의 손을 뽑아서 얼굴을 덮고 울었다.

"대사, 반혼법*은 불가던가? 도가던가?"

울음에 섞여서 하는 왕의 이 하소연에 기지 있는 편조는 매달렸다.

"전하, 빈도가 마침 그 말씀을 올리려 했습니다. 공주전 가셨다 할지라도 반혼술로 다시 전하를 뵐 날이 있을까 하옵니다. 보중하소서. 전하, 보중하소서."

편조는 왕의 손을 다시 끌어잡고 장삼소매로써 왕의 눈물을 씻어 드렸다.

"만약 그런 술이 있다 하면, 여기 공주의 혼을 다시 불러 주오."

"아니올시다. 입토키 전에는 혼은 공주전 속체에 그냥 계셔서 출현하실 수가 없사옵니다. 보중하소서. 보중하소서. 공주전 입토하신 뒤에는 빈도가 반드시 공주전의 혼으로 전하를 모시게 하오리다. 그 때 돌아오신 공주전의 혼께서 전하의 너무도 수척하신 용안을 대하오면 얼마나 심통하오리까? 보중하소서. 수라를 부릅소서. 공주전을 위하셔서옵니다."

그 날 왕은 비로소 수라를 진어하였다.

적적한 수라! 이전에는 반드시 공주가 함께 앉아서 서로 권하며 서로 받으며 하던 수라반을 혼자서 받을 때에, 왕은 너무도 적적하여 편조에게 배식을 명하였다.

한 개 옥천사 사비의 자식으로 그 아비가 누구인지도 알 수 없는 중 편조는, 이리하여 왕의 총애와 신임을 차차 높이어 갔다.

---

* 반혼법(返魂法) 장사 지낸 뒤에 집으로 신주를 모시어 오는 일.

이월에서 삼월 사월 —— 공주의 영해를 정릉에 안장하기까지 왕은 빈전에서 난 적이 없었다.

왕은 이제 공주 입토한 뒤에 편조의 반혼법으로 공주를 다시 볼 수 있다는 이 단 한 가지의 희망으로 쓸쓸한 삶을 그냥 계속하였다.

이월에서 삼월 사월, 날이 차차 따스해 감을 따라서 공주의 재궁에서도 차차 냄새가 괴악하여 갔다. 밖에서 갑자기 빈전에 들어오는 사람은 한 순간 숨이 딱 막힐 만치 냄새가 괴악하였다. 이 냄새를 감추기 위하여 눈이 쓰라리도록 향을 피웠지만, 인위적 향내가 그 냄새를 감출 수가 없었다.

아무리 이 방에 젖은 왕의 코도 이 냄새는 맡았다. 그러나 이 냄새조차 왕에게는 눈물을 자아내는 향내였다. 이것이 공주의 몸이 썩느라고 나는 냄새거니 하면, 이 냄새가 밖으로 나가서 대공에 헤어지는 것이 아까웠다.

많은 물재를 들여서 삼화서 가져온 오석*으로 명공이 깎은 석관에서도 틈틈으로는 붉은 물이 바닥에 새어 내렸다.

다른 사람이면 이 빈전에 들어오기조차 싫어할 것이나, 왕은 빈전에서 한 번도 밖에 나가 보지를 않았다.

찬바람이 살을 에이고 산야에는 아직 두터운 눈이 쌓여 있는 이월에 승하하여, 백화가 난만한 오월에 안장을 할 동안 —— 눈이 녹고 땅의 얼음이 풀리고, 흙이 트고 풀이 나고 자라고, 나무에 잎이 나고 꽃이 피고, 남국 갔던 새들이 모두 돌아오고 할 동안 —— 왕은 세월이 가는 것을 모르고 살았다. 어둑침침한 빈전 —— 촛불과 향 연기와 향내와 악취가 뒤서리는 가운데, 꿈과 같이 생시와 같이 만 삼 개월 나마를 보냈다.

그것은 다만 뒤숭숭하고 순서 없고 갈피를 차릴 수가 없는 날이 가고

---

* 오석(烏石) 회색, 흑색의 유리질의 화산암.

오고 하는 것뿐이었다. 그 가운데는 아무 합리된 일도 없고, 명료한 일도 없고, 엄벙벙한 꿈과 같은 세월이었다.

때때로는 재상들이 와서 무엇이 어떻다 하고는 돌아가고, 태후도 간간 와서 이렇다저렇다 하다가는 가고, 이해할 수 없는 일이 석바뀌고 혼돈되어 돌아갈 뿐, 왕은 모두 알지도 못하였거니와 알려 하지도 않았다.

공주는 이젠 돌아올 길이 없는 사람이라는 이 일념뿐이, 지금의 왕을 지배하는 단 한 가지의 생각이었다. 그 밖의 것은 왕의 감정과는 아무런 관련도 없었다.

—— 이리하여 하오월 공주를 정릉에 안장한 뒤에는 왕은 전혀 다른 사람으로 변하였다.

그 건장하고 원만하던 체격이며 얼굴이, 알아보기 힘들도록 여위고 약하여진 것은 두말 할 것이 없거니와, 성격과 감정에 있어서도 본시의 왕과는 딴 사람이 되었다.

그 세밀한 관찰력과, 치밀하고도 밝던 정치안이며, 인자하고 관대하던 성질이 모두 어디로 갔는지 없어지고, 멍하니 얼혼 빠진 사람같이 되어 버렸다. 무한한 창공을 멍하니 바라보며 한나절을 움직이지 않고 그냥 앉아 있기가 일쑤며, 신하들이 무슨 말을 할지라도 듣는 둥 마는 둥, 몇 번을 찾아도 대답도 않고, 대답이 있댔자 헛대답이 많았다.

말하자면 인간으로서의 온갖 감정이며 감동이며를 잃은 —— 한 개의 움직이는 허수아비였다.

공주를 정릉에 안장한 지 한 십여 일 지난 어떤 날 밤이었다.

"이리 오너라!"

"이리 오너라!"

왕의 부르는 소리가 들리므로, 침전 밖에 입직해 있던 환관 최만생이 침전 툇마루로 돌아가려 할 때에 왕이 침전에서 나왔다. 보매 뜻밖에

(미복이나마) 두면*까지 쓰고 어디 밖으로 거동하려는 것이 분명하였다.

만생과 동료 환관 한 명이 달려와서 부액을 하려 하매, 왕은 손짓으로 그만두란 뜻과 조용하라는 뜻을 나타내었다.

만생이 작은 소리로 물었다.

"어디 거동을 하시옵니까?"

"음, 편조의 집까지!"

작은 소리로 왕은 대답하였다. 그리고 더욱 작은 소리로,

"미행*이다. 너희만 따라라."

하고 보태었다.

이리하여 왕은 환관 두 명만 데리고 걸어서 몰래 대궐을 빠져나왔다.

대궐 담을 넘어 한길까지 뻗어 우거져 있는 꽃을 우러러보며, 말없이 걷는 왕의 뒤를 환관 두 사람은 영문도 모르고 만일을 경계하며 따랐다.

현월*은 벌써 서산에 걸리고, 상쾌한 바람이 옷깃을 날리는 여름 저녁이었다. 아직 초저녁이라, 한길에는 오고가는 사람도 꽤 많았다. 이러한 가운데를 왕은 왕으로서 따로이 근심을 갖고, 환관들은 직무상의 근심을 갖고, 묵묵히 행인의 눈을 피하며 갔다.

"반혼법을……."

왕이 편조를 밤에 찾은 것은, 편조의 반혼술로 그리운 공주의 면영이나마 다시 한 번 보고자 함이었다.

호반에 주안을 배포하고 왕과 편조는 마주 앉아 있었다.

"전하, 아직 시간이 이르옵니다. 대개 혼백은 자정이 지나지 않으면 출유치 않으옵니다."

＊ 두면(頭面) 갓.
＊ 미행(微行) 미복 잠행의 준말. 지위가 높은 사람이 남루한 옷차림으로 슬그머니 다님.
＊ 현월(弦月) 초승달.

왕께 공손히 술을 부어 드리며 편조는 이렇게 말하였다. 좀하면 도로 펴려는 얼굴을 정신 차려 근엄히 꾸미며 편조는 연하여 왕께 술을 권하였다. 왕은 편조가 드리는 술을 받아서는 들이켜고 받아서는 들이켜고 하였다. 한 번도 사양하거나 주저함이 없었다.

편조는, 이 드리는 대로 술을 받아 들이켜는 왕을 보면서 속으로 탄식하였다. 일국의 국왕 —— 그가 한 번 호령하면 천백의 미희라도 당장에 구할 수 있겠거늘, 잃은 공주에게 대한 지극한 사모의 염이, 이 금지옥엽으로 하여금 보행으로 천승의 집까지 오게 하였구나!

"전하!"

상에 벌인 많은 음식 중에, 공주에게 소하는 뜻으로 채소만을 안주로 하는 이 정열의 중년 남자! 여위고 여윈 얼굴은 어느덧 술 때문에 검붉게 되고, 툭 두드러진 광대뼈 위에 번득이는 두 눈은 눈물 때문인지 취기 때문인지 충혈이 되었다. 떨리는 그의 손. 술 때문에 중심을 잡기 힘들어 연하여 팔굽으로 호반을 짚어 쓰러지기를 면하는 쇠약한 몸…….

이 가련한 왕의 심경을 생각할 때는 편조의 눈에도 눈물이 괴려 하였다.

"전하, 오늘 반혼술로 공주전의 혼백을 어전에 부르기는 하겠습니다마는……."

말을 끊고 잠시 생각한 뒤에 편조는 그 말끝을 맺었다.

"전하께서는 공주전의 혼백을 한 번 보시면, 다시 이전과 같으신 인군*이 되시겠사옵니까?"

왕은 눈을 들었다. 바야흐로 들이켜려던 잔을 중도에 멈추었다.

"적적하구료, 적적해. 오늘 보면 내일 또 보고 싶고, 내일 보면 또 모레 보고 싶고……."

---

* 인군(仁君) 어진 임금.

"아니옵니다. 혼백은 자유롭지 못한 것 —— 한 달에 한 번쯤이나 현신케 하올까, 매일은 힘들 것 같사옵니다."

"한 달에 한 번 —— 한 달 —— 삼십 일 —— 서른 날……."

혼잣말같이 이렇게 뇌이던 왕은 아직 들고 있던 잔을 딱 하니 상에 놓았다.

"대사, 한 달에 한 번씩이라도 제발……."

"그 대신 빈도의 아뢴 말씀을 잊지 말아 주시옵시오. 이전과 같은 인군이 되옵소서. 전하 한 분을 우러러보는 창생을 살피소서."

다시 왕의 눈에서는 눈물이 흘렀다.

밤은 차차 깊어 갔다.

자정 —— 반혼법을 베풀어서 대장 공주의 혼백을 왕의 앞에 다시 불러 낸다는 시각이었다. 이 때는 왕은 편조의 권하는 술 때문에 꽤 취한 때였다. 취하기는 꽤 취하였지만, 일단 정신을 박은 일이라, 연하여 자정이 아직 안 되었느냐고 채근을 게을리하지 않았다.

이리하여 자정 —— 편조는 일어나서 왕을 부액하였다. 연하여 쓰러지려는 왕을 단단히 부액을 하고, 반혼실로 천천히 걷는 동안, 편조는 왕의 귀에 입을 갖다 대고 한 마디씩 한 마디씩 똑똑한 말로 이렇게 말하였다.

"혼백은 형태는 있으나 소리는 없습니다. 첫째로 말씀을 걸으시지 말 것이며, 혼백은 자유롭지 못한 것이오니, 밝기 전에 놓아 돌려 보내셔서 후일의 기약에 편리토록 하시옵소서."

반혼실은 복도를 통하여 뒤에 따로이 달린 이 집 후당이었다.

편조가 앞서서 문을 열어 잡고 왕을 인도하여 반혼실 안으로 들어갔다. 방 머리맡에는 금불 한 체가 안치되어 있고, 아랫간은 오색이 찬란한 비단으로 담벽을 삼고 그 앞에는 향로에 향불이 피어 있으며, 머리맡 불전에 놓인 방석은 편조의 자리인 듯하고, 웃간 담벽에 기대어 금 병풍이 둘리고, 그 앞에 용을 수놓은 방석이 왕의 앉을 자리인 모양이었다.

편조는 먼저 왕을 인도하여 불전에 서서 함께 합장 예배하였다. 그리고는 왕을 왕의 자리로 가게 하고, 자기는 반혼 향가루 한 줌을 내어다가 향로에 뿌린 뒤에, 불전에 가서 명목하고 꿇어앉았다.

불전에 명멸하는 촛불 두 대와 향로 좌우편에 켜 있는 두 개의 촛불을 광원으로 한 이 방은 비교적 밝았다.

경건한 마음으로 용석에 앉아 기다리는 왕 ——.

엄숙한 태도로 불전에 축문을 외우는 편조 ——.

향로에서는 편조의 뿌린 향가루 때문에 자욱히 연기가 피어오른다.

엄숙하고 정숙한 시간이 흐르고 —— 또 흐르고 왕은 이 너무도 경건한 찰나에, 어느덧 몹시 취하였던 술조차 얼마간 깨었다.

편조의 축문은 차차 차차 템포가 빨라 갔다. 방 안의 향기는 더욱이 자욱하였다. 향로에서는 마치 산화와 같이 연기가 피어올랐다.

이윽고 향가루도 거의 탔는지 연기가 점점 엷어 갔다.

그 때에 그 엷어 가는 연기의 틈으로 왕은 보았다.

틀림이 없는 대장 공주였다. 너무도 엄숙한 기분이기 때문에 취기도 거의 깬 왕의 눈이, 그릇 보았을 까닭이 없었다.

연기가 차차 엷어 가는 뒤로, 오색 비단을 바른 담벼락을 등지고 단아히 서 있는 한 개의 이국 부인——.

희고도 좀 넓은 이마며, 좀 짧은 듯한 웃입술이며, 길고 꼬리가 위로 향한 듯한 눈하고 시꺼먼 살눈썹이고, 아로새긴 듯한 코도, 또는 그 몸태도, 옷(원나라 황실 복장이었다.)까지 어느 곳이든 일호의 틀림이 없는 공주의 현신이었다. 이 너무도 기이한 일에, 한순간 눈이 아득하여졌다가 다시 왕이 시력을 회복하였을 때에, 아랫간 공주는 얼굴에 미소를

나타내었다.

　이젠 연기도 사라진 때라, 방긋이 웃노라고 열린 입 틈에서, 왕은 공주의 이빨까지 보았다. 좌우간 송곳니가 덧니이기 때문에, 웃을 때는 더욱 고혹적으로 보이던 공주의 그 덧니까지 틀림이 없었다. 단지 승하 직전의 공주와 조금 다른 점은, 공주가 제아무리 늙지 않는 북국 태생으로서 승하할 때까지 청춘미를 그냥 보전하고 있었다 하나, 그래도 나이가 서른이 넘은 완숙한 맛은, 그 얼굴에서든 몸 태도에서든 감출 수가 없었다.

　그랬는데, 지금 왕의 앞에 나타난 이 공주는, 왕이 일찍이 백안첩목아로서 원경에 있어서 처음 공주를 알고 처음 공주와 사랑을 속삭일 그때의 공주였다.

　"아, 공주!"

　그것은 애무와 반가움의 소리라기보다, 오히려 맹호의 신음성과 같았다. 이런 신음성을 내며 왕이 공주에게 달려 내려가려고 할 때에, 왕의 옷깃을 붙든 사람이 있었다.

　펄떡 보니 편조였다.

　편조의 만면에는 미소가 나타났다. 편조는 왕의 귀에 입을 대고 속삭였다.

　"전하, 아까 아뢴 말씀을 잊지 마시도록. —— 그리고 저 문을 열면 협실이 있사옵고, 그 방에는 금침 준비도 있사옵니다. 그럼 빈도는 밝는 날 다시 배알하겠사오니, 오래 막히셨던 정회를 푸시옵소서."

　"공주!"

　왕은 편조의 말을 듣는 듯 마는 듯, 편조가 방 밖으로 나가는 동안 두 팔을 벌리고 허둥지둥 공주에게로 내려갔다.

　공주는 얼굴에 부끄럼과 미소를 띠고, 역시 왕을 맞으려 한 걸음 두 걸음……

왕을 반혼실에 남겨 두고, 편조는 홀로 나왔다. 왕과 함께 있기 때문에 저린 팔다리 허리를 몇 번의 기지개로써 풀면서 정침으로 향하였다. 왕을 모시노라고 얼굴에 지었던 근엄한 표정도 사라졌다.

'재미를 봅시오.'

후당을 돌아보며 한 번 씩 웃은 뒤에 걸음을 빨리하여 제 방으로 돌아왔다.

편조의 방에는 금침이 벌써 준비되어 있고, 편조의 베개에 엎드려 한 계집이 자고 있다.

편조는 내려갔다. 가만가만 내려가서 계집의 좌우 엉덩이의 틈을 발로 쿡 찔렀다. 거기 깜짝 놀라서 일어나는 계집을 붙안아 웃목으로 떼구르 굴려 버리고 덥석 제자리에 누웠다.

굴러간 계집은 일어나 앉았다. 아직 졸음에 취한 눈으로 편조를 내려다보았다. 그 계집을 편조는 쳐다보면서, 눈을 부릅떠 보였다.

"요망스럽게 잠은 웬 잠이야?"

계집도 마주 흘겨보았다.

"중, 중, 까까중!"

"예끼! 여우 같으니!"

편조는 계집을 꾸짖었다.

"내가 여우 같으면 대사는 뭐 같으오?"

"멧돼지 같지. 그래 속이 시원하니?"

마주 보는 계집의 흘기는 눈이 가늘어졌다. 서로 가느다란 눈으로 한참을 흘겼다.

"내가 멧돼지면 임자는 암돼지 되련?"

"싫어!"

"싫어? 잘 싫겠다."

"싫구나!"

"싫으면 임자는 나가구 주씨나 보내게."

"것두 싫구나!"

"이두 싫구 —— 저두 싫구 —— 에라, 임자 오늘 밤은 암퇘지 되게."

편조는 벌떡 일어났다.

한 소리 계명성으로 짧은 밤이 밝았다. 절에서 부처를 섬길 때부터 일찍 깨는 습관이 든 편조는, 거의 밤이 다 가서 겨우 잠깐 잠이 들었었지만, 날이 밝자 자리에서 벌떡 일어났다. 일어난 편조는, 편조가 일어나는 기수에 벌써 툇마루에 준비된 세숫물에 밤 사이의 기름때를 활활 씻어 버리고, 건넌방으로 건너가서 등대된 옷을 바꾸어 입고 후당으로 돌아가 보았다.

왕도 벌써 일어난 모양이었다. 공주의 혼백을 밝기 전에 돌려 보내고는 이내 잠이 못 들어 일어난 모양이었다. 협실 밖에서 잠시 방 안의 기수를 살핀 뒤에, 편조는 헴 헴 두어 번 기침을 하였다. 얼굴에는 근엄한 표정을 붙였다.

"헴! 헴!"

안에서는 여전히 동정이 없었다.

"헴! 헴!"

또다시 기쳐 보고 그냥 동정이 없으므로, 문을 방싯이 열고 보았다.

맞은편으로 보이는 왕 —— 누구에게 혼을 빼앗긴 사람 모양으로 눈이 퀭 하니 이불 위에 까치다리로 앉아서 한 군데만 주시하고 있다. 곁에서 대포를 놓을지라도 모를 모양이다.

편조는 이 모양을 보고 문을 좀더 넓게 열고 안으로 들어갔다. 왕의 앞에 나갈 때마다 우그러지는 어깨는 또 우그러졌다.

"빈도올시다."

궁중 예절을 모르는 편조는, 왕의 맞은편에 가서 정면으로 왕께 절하였다.

그러나 왕은 여전히 한 군데만 주시하고 있을 뿐, 편조의 인사를 의식치 못하는 모양이었다.

절을 하여도 의식치 못하므로 편조는 한 번 큰 소리로 기침을 하였다.

왕이 비로소 알았다. 깜짝 놀라며 몸까지 소스라쳤다.

"이게!"

"빈도올시다."

왕은 잠시 멍하니 편조를 마주 보았다.

"오! 대사, 밝기 전에 갔구료."

"혼백은 광명한 곳을 싫어하옵니다. 전하, 초조반을 진어합셔야지……."

"혼백은 형은 있으나 체는 없다는데 —— 공주의 혼백은 체까지 있었구료."

체, 더욱이 십수 년 전의 탄력 있는 처녀로서의 공주의 '체'를 지난밤 다시 본 왕은 차마 잊지를 못하겠는 모양이었다.

"네, 전하의 지극하신 정성에 부처가 감동하셔서 특별히 체까지 보낸 모양이옵니다."

"체까지, 체까지 —— 아직 방 안에 향내가 남고 몇 올 머리털이 남고 —— 대사, 오늘 밤 또 못 볼까?"

"전하, 얼른 초조반을 진어합시고 환궁합셔야지, 대궐에서 알면 적지 않은 소동이 일어날까 하옵니다."

"대사, 나는 대궐에 안 돌아가겠소."

공주를 만나 본 이 방을 차마 못 떠나겠다는 뜻이었다.

편조는 머리를 조았다.

"전하께서 환궁 안 합시면 빈도의 목이 그냥 남지 못하리이다."

왕은 의아한 듯이 편조를 굽어보았다.

"지금 세신 대족 권당 유림 사문*이 클클한 가운데서, 전하께서 한 개 천승의 집에 미행하셨다는 소문만 날지라도 빈도의 목은 달려 있지 못하오리다."

"그래도……."

"아니옵니다. 오늘은 환궁합소서. 내월 말에 다시 미행합시면 공주전의 혼백을 다시 어전에 현출케 하리이라. 공주전도 그 날을 얼마나 기다리시리까? 오늘은 어서 초조반을 진어합시고 환궁합소서."

문득 왕의 눈에서는 또다시 눈물이 주르르 흘렀다. 그러나 초조반을 부르는 뜻으로 고즈너기 눈을 감았다.

여름은 무르익었다.

교외에서 빛을 자랑하던 하록은 어느덧 개경 안에까지 스며들어서, 길가 담 틈 뜰 구석마다 푸른빛은 한창을 자랑하고 있다.

수녕궁 향각 앞의 작약*도 제철이라고 만개하여, 하늘을 나는 나비들을 부르고 있다.

"이전에는 공주와 함께 따던 이 꽃을……."

지금 혼자서 바라보는 왕의 심사는 형용하기 어렵도록 적적하였다.

향각 난간에 의지하여 한참을 꽃을 굽어보고 있다가 왕은 탄식하며 자리에 돌아왔다. 자리에는 비단 한 폭 붓 몇 자루, 단청, 물 등이 준비되어 있고, 내시 몇 사람이 부채를 들고 묵묵히 분부를 기다리고 있다.

왕은 자리에 앉아서 붓을 잡고 눈을 감았다.

한번 눈을 감은 뒤에는 뜰 줄을 모르는 왕은, 여기서도 눈 뜰 것을 잊

---

* **세신 대족 권당 유림 사문**(世臣大族權黨儒林士門) 대를 이은 신하, 세력이 있는 집안, 권력을 쥔 당파, 유도를 닦는 학자들, 선비들.
* **작약**(芍藥) 미나리아재비과의 여러해살이풀을 통틀어 일컫는 말. 꽃이 크고 아름다워 정원에 관상용으로 심음.

작약

은 듯이 잠자코 있었다. 공주의 영을 그려 보려고 이 곳에 자리잡은 왕이었다. 이전 원나라에 있을 때부터 서며 화에 있어서 입신*의 기라는 찬사를 받아 오던 왕은, 몸소 공주의 진영을 그려서 이와 매일 대하고자, 여름의 작약 냄새 우거진 이 향각에 자리를 잡은 것이었다.

그러나 공주의 모습을 생각하고자 일단 눈을 감자, 왕의 눈은 뜨이지 않았다. 해마다 공주와 함께 여름에는 작약을 따던 이 동산 —— 또는 지금으로부터 오년 전의 한겨울을 공주와 함께 말타기를 연습하던 연마장으로 쓴 일이 있는 이 동산에 자리를 잡자부터, 공주의 모습보다도 지난 십육 년간의 공주와의 부부 생활이 주마등과 같이 왕의 머리에 어른거려서 붓 들을 생각이 들지를 않았다.

일국의 군왕이나 또한 어지러운 정국의 통어자로서의 왕의 과거는 기구한 생애였다. 연년 다달이 끊임없이 일어나는 외환 내우——.

이 고달프고 어지러운 생애를 보내는 동안, 물건의 그림자와 같이 왕의 곁에서 고초를 같이 겪어 드리고 간난을 나누어 맛보는 공주가 있었거늘——.

왕의 재위 십사 년간 그냥 계속적으로 있은 어지럽고도 괴로운 과거를 서로 믿고 서로 의지하면서 겨우 지탱해 왔거늘, 이제는 이런 어지러운 일이 생기면 누구를 의지하고 누구를 믿고 누구와 어려움을 나누랴?

아직 낮이 되기 전에 향각에 자리잡은 왕은, 화견을 앞한 채 해가 서산에 기울 때까지 그냥 앙연히* 있었다. 붓은 물에 적시어 보지도 않았다. 해가 서산에 넘고 들에 나갔던 새들이 제 깃을 찾을 때야, 왕은 비로소 눈을 떴다.

"마음이 산란해서 여기서는 안 되겠다. 환궁하자."

＊ 입신(入神) 기술이나 기예 등이 뛰어나 영묘한 지경에 이르는 것.
＊ 앙연(怏然)히 마음에 차지 않거나 야속하여 원망하는 마음이나 태도가 있는 채로.

여기서는 붓을 잡을 수가 없다는 뜻이었다.

일심을 다하여 왕이 공주의 진영을 완성한 것은 그로부터 며칠 뒤였다.

신기라는 일컬음을 듣던 왕의 필력이요, 일심을 다하여 가장 사랑하는 이를 그린 것이라, 과연 혼이 들은 듯한 진영이었다.

진영이 완성된 뒤부터는, 왕은 끼니 때마다 진영의 앞에도 수라반을 갖다 바치게 하여 산 사람 대하듯 하였다. 그 애무와 대접에 있어서 공주 생존시와 조금도 다름이 없이 하였다.

이렇게 공주에게 마음을 향하기 때문에 왕은 온갖 세상사가 귀찮았다.

이렇다 저렇다 대신들이 문제를 가지고 들어오는 것이 귀찮고 시끄럽기만 하였다. 이 모든 세상 잡무에서 피하여 공주만 생각하며 그 여생을 보내고 싶었다.

이리하여 세상 잡무를 피하기 위하여, 왕은 중 편조를 사부로 삼고, 청한거사라는 호를 내리고 국정을 자순*케 하였다.

과거 십사 년간의 경험으로 보아서, 소위 세신 거족*들은 서로 틀고 서로 물고 서로 짜고 —— 이리하여 삐억삐억 좋지 못한 꾀만 꾀하고, 도당이 짜지고 무어지면 자연히 세력이 생기고, 세력이 생기면 자연히 다른 세력과 다투고, 다툴 세력이 없으면 왕에게 대하여 불쾌한 생각까지 품게 되고 —— 고려 오백 년간을 쌓아 내려온 이 세력은 지금은 너무도 뿌리가 크게 벋어서, 이들에게는 도저히 한 나라의 정사를 맡길 수가 없었다.

초야의 신진에서 유능한 인물을 추려 낼 수가 없는 바가 아니지만, 이들도 차차 올라가서 명망이 생기고 귀하게 되면, 어느덧 자기의 초라

---

* 자순(諮詢) 윗사람이 아랫사람에게 의견을 물어 의논하는 것.
* 세신 거족(世臣巨族) 대대로 한 가문이나 왕가를 섬겨 온 신하와 대대로 번창한 문벌이 좋은 집안.

한 근본을 부끄러이 여겨서, 거족들과 혼인을 하고 그 틈으로 잠겨 버리니까, 이것도 또한 길만 있는 일이 아니었다.

유생은 또한 나약하여 굳센 맛이 없고, 그 위에 학벌의 뿌리로써 얼기설기 연락되어 강직한 정치를 하지를 못할 것이다.

과거 십사 년간을 고려의 국왕으로 있으면서 지내 본 바로서, 통절히 느낀 바가 있어, 언제든 고립하고 강직한 인물만 골라 오던 왕이라, 이번에 고려의 정치의 대행자를 선택함에 있어서 중 편조를 부른 것이었다.

득도한 불도이매 욕심 적고, 천한 태생이매 얽히는 연줄이 없고, 홀몸이매 역모할 근심이 없는, 이 편조야말로 오래 왕이 구해 오던 이상적 인물이었다.

이리하여 편조는 정치계에 발을 들여 놓았다.

여름도 어느덧 가고, 성했던 모기들도 송악으로 그림자를 감춘 어떤 가을날이었다.

왕도 이제는 얼마만치는 안돈이 된 때였다. 만날 공주의 진영과 음식 거처를 같이하며, 한 달에 한 번씩쯤은 반혼법으로 공주의 몸을 어루만질 수가 있는지라, 처음 한동안과 같이는 비통해하지 않았다. 공주 잃은 뒤에 눈물이 잦아진 왕이라, 지금도 공주의 말만 나오면 두 뺨으로 눈물이 주르르 흐르고 하였지만, 여느 때는 담소도 예사로이 하도록 안돈되었다. 그 어떤 날 왕은 편조와 함께 강안전에서 한담을 하고 있었다.

편조의 말 ——

"빈도 —— 아니 소신은, 본이 불도 출신이라 귀현의 예의에 통치 못하옵니다. 이런 점은 관대히 용서해 주셔야 하겠사옵니다."

사실 편조는 어전임에도 불구하고 허리를 펴고 까치다리하고 앉아 있었다. 얼굴에 근엄한 표정을 장식하는 것과 어깨를 좀 우그리는 것이 편조에게 있어서는 최대 유일의 존경법이었다.

"전하의 관후하신 처분으로 사부라는 직책을 맡았사옵지만, 소신은……."

"사부는 그것부터가 틀렸소이다. 소신이라지는 않는 법이오."

왕도 웃었다. 편조도 웃었다.

"네 —— 신, 신이 무엇을 알리까? 성의대로만 행하옵지만 소 —— 아니, 신 본시 미천하와 명문 거족들을 어키* 힘든 것이 걱정이옵니다."

"그게야 무슨 근심이 되리까? 사부의 뒤에는 국왕이 있으니 국왕의 명에야 명문 거족인들 거역하리까?"

"그야 그러하옵니다만, 신이 전하께 추천하와 사환 한 사람들도 일단 높은 지위에만 오르면 신을 무식한 천승이라 수모하오니 이것이 신에게는 억울하옵니다."

왕은 이 말을 듣고 얼굴에 검은 찌를 한순간에 보였다.

그럴 듯한 말이었다. 천승 —— 명족 —— 천승 —— 명족.

왕이 이 점에 대하여 좀 생각하고 있을 동안, 편조는 두리번두리번 살펴보다가 갑자기,

"전하, 내밀히 아뢸 말씀이 있습니다."

고 근시들을 물리기를 간청하였다.

왕이 근시들을 물린 뒤에 편조는 넙죽 왕의 앞에 엎드렸다. 때때로는 이렇듯 연락 없는 일을 예사로이 하는 편조임을 잘 아는 왕도 무슨 영문인지 몰라서, 묏더미 같은 편조의 등판을 멍하니 굽어보고 있을 때에, 편조는 떨리는 목소리로 아뢰었다.

"전하, 소신, 아니, 신을 죽여 주십사."

왕은 쿡 하니 웃었다. 어두운 데 주먹으로 넓적하게 엎드린 것도 우

---

* 어(御)하다 아랫사람을 다스리다.

스웠고, 그 뭣더미만한 몸집에서 떨리는 소리가 나오는 것도 우스웠거니와, 떨리는 애원성으로 소신 아니 신이라고 정정하는 것이 더욱이 우스웠다. 왕은 고소 가운데서 이렇게 물었다.

"사부는 대체 무슨 일이오?"

"죽여 주십사."

"글쎄 무슨 일이오?"

"신이 전하를 기망해* 왔습니다."

"그게 무슨 말이오?"

"신이 전하를 기망해 왔습니다. 신자로서 군왕을 속인다는 것은 마땅히 죽을 죈 줄 모르는 바가 아닙지만 기망해 왔습니다."

"글쎄, 무슨 일이오?"

너무도 수다스럽게 구는 바람에, 왕도 눈을 크게 하고 이렇게 묻지 않을 수가 없었다.

"전하, 오늘 밤 누옥까지 미행합시면, 신이 천람에 바칠 것이 있습니다. 죽여 주십사."

"사부 죽이기는 저녁 뒤에 하기로 하고, 지금은 일어나서 이야기나 합시다."

"광은을 무엇으로 보답하리까?"

편조는 일어나 앉았다. 방금까지도 죽여 달라고 목소리를 떨던 그가, 천연히 일어나서 어깨를 우그리고 얼굴에 근엄한 표정을 나타내고 마주 앉은 이 꼴을 왕은 망연히 바라보았다.

그 날 밤 편조의 집, 공주 반혼전 협실에는 세 사람이 솥발 모양으로 둘러앉았다.

---

* 기망(欺罔)하다 속이다.

금병풍 앞 용석 위에 앉은 사람은 왕이었다.

그 곁에 머리를 숙이고 앉아 있는 젊은 여인은 대장 공주였다.

그 맞은편에 엉거주춤 꿇어앉아 있는 사람은 편조였다.

"전하, 반야라는 북국 여인이옵니다. 전하를 기망한 죄는 일백 번 죽어도 마땅하오니 처분하옵소서. 그러나 이는 신 스스로를 위함이 아니옵고, 위로는 전하를 위함이옵고, 아래로는 전하를 잃으면 광명을 끊기는 고려의 창생을 위하여서옵니다. 공주전 승하 후에 전하를 몇 달간 빈전에 모실 때에, 전하의 심경을 살피옵고, 신이 몰래 사람을 놓아서 전국에서 구해 온 여인 백여 명 중에서 골라 낸 사람이 이 반야옵니다. 공주전의 면영을 닮았다고 구해 온 백여 명 여인 중에서 가장 흡사한 자로 택한 여인이 이 반야옵니다. 전비의 천생이 어찌 감히 용종에야 비기리까마는, 그래도 얼른 보기에는 외람되이도 공주전의 면영을 닮았삽기, 행여 전하의 부르심을 볼까 하고 신이 꾸미었던 한 막의 연극이로소이다. 군왕을 기망한 죄 일백 번 일천 번 도륙을 당하와도 한이 없소이다. 죽여 주십사."

왕은 대답이 없었다. 눈을 딱 감은 채 묵묵히 있었다. 방심한 듯 ──
그 밖에 다른 표정은 없었다.

아직껏 공주의 혼으로 알고 애무하던 것이, 사실인즉 한 개 실물 여인에 지나지 못하였으니, 거기 대한 낙망 때문에 이렇듯 방심 상태가 되었나?

반혼술이라 무엇이라 해서 군왕을 이렇듯 농락한 편조의 행동을 괘씸히 보기 때문에 그 노염으로 이렇듯 묵묵히 있나?

이런 무리들에게 속아서 줄줄 따라다니던 당신의 행동을 스스로 부끄러이 여기기 때문에 대답이 없나?

혹은 대장 공주 아닌 이 반야라는 여인에게 애정이 품어지므로 그것을 꺼리어서 가만히 있나?

왕은 묵묵히 있을 뿐이었다.

"반야도 또한 전하를 모신 지 수삭에, 외람되이도 전하를 사모하는 마음이 생겼는지, 이젠 공주전의 혼백으로가 아니요, 반야 자신으로 모셔 보고 싶어하는 듯한 양을 보면, 그 하늘 무서운 줄 모르는 심사가 가증도 하거니와 한편으로는 가련도 하옵니다. 성의는 어떠하시온지……."

잠깐 말을 끊고 왕과 반야를 본 뒤에 편조는 또 말을 계속하였다.

"또 한 가지, 반야는 전하를 처음 모신 뒤부터, 태기가 있는 모양이옵니다. (왕은 이 말에는 몸을 흠칫하였다.) 벌써 오륙 삭—— 밭은 전비의 천종이나마 씨는 용종. 이 뒤라도 혜비전 마마께서 왕자를 탄생합시면 다른 일이 없겠거니와, 그렇지 못하오면, 이 아기가 유일의 전하의 혈자가 아니오니까? 지금 나라의 정국이 어지러운 때에 하루바삐 혈사* 없으시면 고려의 사직이 위태롭사옵니다. 신의 죄는 일백 번 죽어도 마땅하옵기, 어전에 죽음을 빌거니와, 전하의 후를 생각하셔서 반야에게는 관대하신 처분이 계시기를 바라옵니다."

왕의 앞이라고 억지로 지으려던 근엄한 표정은 어느덧 자연적 위엄까지 띠었다. 눈에는 눈물 흔적까지 보였다.

왕은 그냥 침묵을 지켰다. 고요한 방에 세 사람은 머리를 숙이고 잠자코 있었다.

한참 뒤에 왕이 일어섰다.

"전하 어디로……?"

편조가 펄떡 놀라서 뒤따라 일어섰으나, 왕은 따라오지 말라는 뜻으로 손을 두어 번 설레설레 젓고는, 머리를 폭 숙인 채 방 밖으로 나갔다. 왕의 눈에서는 눈물이 비오듯 하였다.

---

* 혈사(血嗣) 혈통을 이어가는 자손.

편조도 뒤따라 일어서기는 하였으나, 따라오지 말라는 바람에 따르지도 못하고 머리를 숙이고 서 있었다.

반야는 왕이 임어할 때부터 지금껏 머리를 가슴에 묻고 깎아 놓은 듯이 앉아 있었다.

좀 뒤에 편조가 나가 알아보니, 왕은 아까 벌써 환궁하였다 한다.

그로부터 두 달, 편조는 대죄하는 뜻으로 집에 박혀 있어서 입궐치 않았다.

반야도 자기의 거실인 별당에서 근신하고 있었다.

그러나 왕에게서는 아무런 말도 없었다. 죄를 준다는 뜻도 입궐하라는 분부도 없었다.

편조도 이번 일은 왕과 반야와 자기 세 사람만이 아는 사건이라, 어떻다 말을 낼 수도 없고, 단지 침묵 중에서 왕명만 기다리고 있었다.

그랬는데 뜻밖에도 섣달에 들면서, 왕은 편조를 수정이순 논도섭리 보세공신 벽상 삼한 삼중대광 영도첨의사사사 판중방 감찰사사 취산부원군 제조 승록사사 겸 판서운관사*를 봉하고, 겸하여 환속하기를 명하고 속명까지 신돈이라고 내렸다.

편조 —— 변하여 신돈은 이 너무도 황송하고 놀라운 성은에 울었다.

"첨의(신돈의 벼슬 이름), 나를 위해서 국정을 도와 주오. 그 사이 안 부른 것은 첨의를 밉게 봄이 아니라, 내 좀 생각하는 일이 있어서 그리하였소."

왕이 신돈을 대궐에 불러서 이렇게 말할 때에, 신돈은 엉엉 어린애같이 울었다.

---

* 수정이순 논도섭리 보세공신 벽상 삼한 삼중대광 영도첨의사사사 판중방 감찰사사 취산부원군 제조 승록사사 겸 판서운관사(守正履順論道燮理保世功臣壁上三韓三重大匡領都僉議使司事判重房監察司事鷲山府院君提調僧錄司事兼判書雲觀事) 고려 제31대 공민왕 때 신돈에게 내린 벼슬 이름.

"전하, 무에라 말씀 올리리까? 다만 전하께서 간사한 무리의 참소에만 귀를 기울이시지 않으시면, 신은 미련하오나 신의 힘이 미치는껏 신의 생각이 자라는껏은, 전하와 고려 생령의 복리를 위해서 이 노구를 아끼지 않으오리다."

이리하여 왕은 친필로써,

대사가 나를 구하고
내가 대사를 구하여
삶 · 죽음으로써
사람의 말에 현혹됨이 없음을
부처님께 증명하노라.

이라는 맹서문을 써서 신돈을 주고, 신돈은 고려의 섭정의 지위에 서게 되었다.

반야는 잊어버린 존재같이 되었다. 왕도 반야에 관한 일을 다시 신돈에게 묻지 않았다. 신돈도 이 열적은 말을 다시 왕의 앞에 꺼내지 않았다. 태중이기 때문도 되겠지만, 나날이 안색이 창백하여 가는 반야를 신돈은 간간 별당까지 가서 위로하였다.

성욕이 강하기 때문에, 젊은 여인이 가까이 가기만 하여도 어지러운 생각을 금하기 어려운 신돈은, 반야의 방에 가면 반야의 이부자리 쪽으로 눈이 갈 기회를 피하고 반야의 아랫몸에 눈 줄 기회를 피하고, 할 수 있는 대로 엄숙한 기분과 경건한 태도로 반야를 대하고 하였다.

자기의 방에서는 젊은 계집들과 음란한 장난을 기탄없이 하는 신돈이로되, 반야에게 들어가 볼 때에는 언제든 어깨를 우그리고 근엄한 얼굴을 하였다.

그리고, 내실과 별당과의 사이를 엄중히 경계하게 하여, 내실 여인들이 별당에 가는 것을 엄금하고, 하인들도 반야의 하인을 따로 두어서, 반야의 하인의 내실 출입을 금하고, 내실 하인들의 별당 출입을 금하였다.

"장래를 기다리오. 상감마마 부르시는 날을 기다리오. 태중의 아기가 나오시는 날은 상감께서 부르시겠지——."

어깨를 우그리고 외면을 하고 반야에게 이렇게 말하는 신돈의 태도는, 마치 재상가 소저에게 시종 드는 늙은 충복 같았다.

이 신돈의 보호 아래서 복중의 왕자는 차차 세상에 고함칠 날을 고요히 준비하고 있었다.

그 해도 어느덧 과거장에 말리어 들어가고 새해가 이르렀다. 왕의 재위 십오 년이요, 원나라 지정* 이십육년이었다.

그 해 이월 신돈의 집 별당에서는 한 개 새로운 생명이 첫 울음소리를 쳤다. 사내였다. 대장 공주에게 혈사가 없고, 다른 여인은 가까이하지 않은 이 왕에게는 유일한 왕자였다.

그러나 이 아기의 아버님 되는 왕은, 아기 탄생을 알지도 못하였다. 신돈은 장차 좋은 기회를 기다리기 위해서 아직 가만히 내버려 두었다.

아기는 탄생 후 며칠을 지나지 못하여, 연령 두 살이라 부르게 되었다. 입춘 전에 탄생하였는지라 입춘이 지나서는 두 살로 세었다.

그러나 두 살로 세게 되기까지, 아직 아버지의 축복을 못 받은 가련한 아기였다. 아버지의 복을 못 받았는지라, 이름도 아직 못 지었다.

내실 사람들은 토꺼리 없이 '아기' 라 칭하였다. 누구의 아긴지 아는 사람이 없었다.

별당 하인들뿐은 '아기마마' 라 불렀다. 신돈이 이렇게 시킨 것이다. 그러나 왜 '마마' 라고 부르는지는 신돈과 반야밖에는 아는 사람이 없었다.

＊ 지정(至正) 원나라의 연호.

공주를 정릉에 안장한 지도 일 년이 지났다.

공주의 일 주기까지는 감히 이런 말을 어전에 꺼내지 못하였지만, 일 주기가 지나면서부터는 대신들은 왕께 왕비 간택하기를 졸랐다. 그리고 안극인의 따님을 후보자로 들었다. 왕에게 원자가 없는지라 어서 원자를 보아야겠다는 것이었다.

왕은 마음에 없는 일이었다. 현재 있는 혜비 이씨며 그 밖의 궁녀들도 돌보지 않거늘, 어찌 또 무슨 여인을 맞아들이랴? 그러나 너무도 귀찮게 굴므로, 어떤 날 이 문제를 신돈에게 의논하였다.

"납비하옵시오."

신돈의 의견은 간단하였다.

"그러니 지금 혜비도 혼자 공방을 지키는데, 또 한 과부를 만들면 무얼 하오?"

적적한 듯이 왕이 이렇게 말하매 신돈은,

"그렇지만 전하께서 거절하오시면 연달아 상계가 들어올 테니, 귀찮지 않사옵니까?"

하여 무사주의를 취하기를 주장하였다.

왕은 신돈의 이 의견에 대하여 무엇이라 말하지 않고, 한참을 가만히 있다가,

"반 —— 무어? 반……."

거북한 모양이었다. 신돈은 알아들었다. 신돈은 씩 웃었다.

"전하, 축하드리옵니다. 거 이월에 왕자가 탄생하였습니다. 전하 이하로 고려 천만 창생의 행복이로소이다."

왕은 그냥 가만히 있었다. 기쁜 듯한 —— 그러면서도 더 적적한 기괴한 심경이었다.

이 왕자가 공주에게서 났으면 얼마나 기쁘랴?

공주 생존시에 늘 왕자를 보고 싶어하더니 —— 공주 자신의 몸에서

못 낳으면 다른 여인의 몸에서라도 왕의 혈사가 생기기를 그렇게도 기다리더니…….

지금 난 왕자가 하다못해 공주 생존시에라도 났더면, 공주도 마음을 놓고 세상을 떠났을 것이다. 공주 임종의 마지막 말——.

"마마께 후사 없으신 것이 죄송하옵니다."

왕은 문득 물었다.

"언제요?"

"네? 네, 이월 ××일이옵니다. 원자께서도 건강하옵시고 반야도 산후 평안하옵니다."

왕은 눈을 굴려서 벽에 걸은 공주의 진영을 쳐다보았다. 산 듯, 바야흐로 입을 움직이려는 듯 왕을 굽어보는 공주의 진영——.

신돈이 퇴궐할 때에, 왕은 원자를 축복하는 뜻으로, 왕이 원나라에 있을 때에 쓰던 옥띠를 주었다. 이름은 무니노라 지었다.

드디어 안극인의 따님을 왕비로 맞아들였다. 그러나 비극의 주인공인 이 정비 안씨도, 첫날부터 별궁에 거처하고 그의 청춘을 외로이 보내지 않을 수 없는 가련한 여성이었다.

어젯날까지도 한 개 중에 지나지 못하던 신돈이, 놀라운 세도 자리에 올라가면서 고려의 조정은 물끓듯 하였다.

왕의 뜻을 받아서 신돈의 행한 첫번 정사가 세신 권족들의 그 얽히고 설킨 뿌리들을 죄 잘라 버리는 것이었다.

한미한 곳에서 자란 신돈이라, 나라의 정치는 잘 알 수가 없었다. 어떻게 하면 어떻게 될지 이런 복잡한 문제는 잘 처리하기가 힘들었다. 그러나 그 대신 열과 성으로써 여기 대신하려 하였다.

세세로 내려온 조상의 위력을 방패삼아, 아무 훈공도 없이 높은 자리

에서 평안히 지내는 무리 —— 소위 대국이라는 원나라에 결탁해 가지고 원나라의 세력을 빌어서 제 고국에서 세도를 하려는 무리 —— 왕에게 아첨하여 권력을 얻어 가지고 아래를 누르려는 무리 —— 사병*을 양성하여 이로써 국방에 당하지 않고 도리어 개인 세력을 높이려는 무리——.

중 출신의 신돈에게는 꺼릴 만한 아무 인연도 없었다.

공자 맹자가 인연이 없으니 그의 후배되는 유림도 꺼릴 것이 없었다.

세족에게 연분이 없으니 권문도 무서운 바가 없었다. 역사를 안 배웠으니 원나라도 무서운 줄 몰랐다.

고려에서 높일 사람은 왕 한 분밖에는 없었다. 고려 왕은 공자에게 구속될 것이 아니요, 원나라에 구속될 것이 아니요, 세족 권문에게 구속될 것이 아니요, 유림에게 구속될 것이 아니요, 만약 구속될 것이 있다면, 단지 고려 백성에게만 구속되어야 할 것이다.

세태에 무식하기 때문에 이런 용감한 단안을 내린 신돈은, 왕이 맡긴 자기의 권한을 높이 들고 재추에 일어섰다.

신돈이 이렇게 아무 배경도 없는 한 개의 중으로서 고려 조정에 일어서매, 고려 조정에서는 가만히 있을 리가 없었다.

자기네들끼리 맡아 볼 때에는, 자기네끼리 서로 깎고 싸우고 하였지만, 상대편으로 신돈이라는 중이 나타나매, 그들은 자기네 쟁투를 중지하고 일제히 신돈과 맞서게 되었다. 자기네들은 그래도 재상가라 유림이라 서로 얽힌 곳이 있지만, 조상 때에 아무 훈공도 없는 일개 중이 일어서매, 일제히 그리로 싸움의 예봉*을 돌렸다.

좌사의대부 정추와 우정언 이존오* 두 언관의 상소가 그 첫 시합이

---

* 사병(私兵) 권세를 가진 개인이 사사로이 길러 부리는 병사.
* 예봉(銳鋒) 날카로운 창. 날카로운 논조.
* 이존오(李存吾) 고려 제31대 공민왕 때 문신.(1341~1371)

었다. 상소문은 대략 이런 뜻이었다.

그 어떤 날 문수회에서 보매, 영도첨의 신돈은 신하의 자리에 서지 않고 전하와 나란히 하여 구경하였으며, '영도첨의'의 하명이 내리는 날도 조복을 입지 않았으며, 반 달이 지나지 못하여 대궐에서 고추서서 다니며, 말을 탄 채로 홍문을 출입하며, 늘 전하와 나란히 하여 호상에 앉으며, 자기 집에서도 재상들이 뜰 아래에서 절하는 것을 자기는 방에 앉아서 받으니, 이런 외람된 자는 벌하셔야 합니다.

이 상소문을 왕은 예에 의지하여 신돈과 호상에 나란히 앉아 받았다. 이 상소문을 보고 신돈은 안색이 변하여 상 아래 내려 꿇어앉았다.
"전하, 신이 예절을 모르기 때문이옵니다. 죄하십시오."
그러나 왕은 내려 앉은 신돈을 몸소 도로 붙들어 상에 오르게 하였다.
"섭정, 이내 왕과 나란히 한다는 것은 결코 예절에 어그러지지 않은 일이외다. 오늘 첨의가 세신의 한 개 상소문에 이렇듯 굴하면 장래 어떻게 국정을 마음놓고 맡기리까?"
그리고 도리어 정추와 이존오를 불러서 꾸짖었다.
"첨의는 야생이라 예절에 서투른 것은 나도 알고 맡긴 바어니와, 그래 몸이 언관에 있으면서 민정과 왕도에 관해서는 진언할 일이 없어서 겨우 이것이란 말인가? 연변에는 도적이 왕성하고 나라는 가물어서 백성이 농사짓기가 곤란해하는 이 때에, 그래 예의의 말절이나 이렇다 저렇다 할밖에는 다른 말은 할 것이 없단 말인가? 그래서 넉넉히 언관의 직책을 다할 수 있을까?"
이리하여 정추를 동래 현령으로, 이존오를 장사 감무로 좌천을 시켰다. 권족들이 벌을 짜고 돌아가는 것을 미워하던 왕은, 이리하여 아무 벌력이 없는 신돈을 높여 주어서 고려조 대대의 비정을 깨뜨리려 하였다. 이렇듯 왕이 철저적으로 신돈을 두호하여 주기 때문에, 신돈은 자기 마음대로 고려 정치를 주무를 수가 있었다.

서울서 놀고 있는 장신들을 차례차례로 변방으로 쫓았다. 이것은 첫째로는 변방을 침범하는 도적을 막기 위함이요, 둘째로는 장신들을 서울에 그냥 두면 서로 할퀴고 흘기고 뜯고 모함하고 하므로 이것을 피하기 위해서였다.

무능한 세족들을 용서없이 벼슬을 깎았다. 아직껏은 무능한 줄은 알지만, 혹은 학벌로 혹은 족벌로 얽히는 곳이 있어서, 그냥 귀한 자리를 차지하고 있던 무능한 명문들을 없이하기 위함이었다.

'정민추정도감'을 두고 신돈 자기가 판사가 되어서, 민원을 직접 듣기로 하였다. 고려의 정사가 흐리고 권문이 너무 높기 때문에 횡포가 심해서, 백성들은 권문에게 재산을 빼앗기되 호소할 곳도 없어서 참던 것을 신돈은 호소할 길을 터서 권문들의 횡포를 금하였다.

아직 정치를 모르고 자란 신돈이 갑자기 대권을 맡게 되었으므로, 어떻게 하면 좋은 정치를 백성에게 베풀게 되는지 몰라서 갈팡질팡하면서 노력하는 것을 왕은 가만히 방관하였다.

권세를 따르는 것은 예나 이제나 일반이었다. 신돈의 권세가 이렇게 되매, 차차 신돈에게 부회하는 무리가 많아 갔다. 이 가운데서 신돈은, 소인은 추려서 자기의 좌우에 두어서 몸을 장식하게 하고, 재능 있는 사람은 추려서 상당한 관직을 맡겨서 갈충보국*케 하였다.

유림의 반대성, 권문들의 아우성 가운데서도 신돈의 권세는 나날이 높아 갔다.

공자밖에는 존경할 줄을 모르고, 원나라 사람밖에는 숭배할 줄을 모

＊ 갈충보국(竭忠報國) 충성을 다하여 나라의 은혜에 보답함.

르는 유림이며 권문들은, 이 중 앞에 차마 머리를 숙일 수도 없고, 머리를 안 숙이자니 벼슬을 할 수가 없고 하여, 신돈을 떨구어 버리려고 별야단을 다 하였다. 그러나 신돈의 세력은 이제는 튼튼하여져서 어찌할 수가 없었다. 유림은 주둥이만 까졌지 신돈을 대할 만한 실세력이 없고, 권문들은 자기네들의 내홍 때문에 실력을 단합할 수가 없고, 장수들은 벌써 변경에 쫓겨가서 외구 막기에 겨를이 없고 —— 이리하여 신돈을 거꾸러뜨릴 힘은 합할 수가 없었다. —— 그 동안 신돈은 왕의 고적한 마음을 위로하기 위하여 공주의 영전을 설계하여 역사를 시작하게 되었다.

그 해 십이월, 종실 덕풍군의 따님을 맞아서 익비로 봉하고(성을 한씨라 고침.) 왕비 책립의 잔치가 대궐에 크게 있은 날이었다.

신돈은 외연이 끝나고 내연으로 들어서게 될 때에, 백관을 거느리고 왕께 축하하는 절을 드린 뒤에 집으로 돌아왔다.

예쁜 여인 —— 왕께 바쳐서 외따로이 별궁에서 청춘을 보내라기에는 너무도 아까운 익비 한씨의 얼굴이 연하여 눈앞에 보이므로, 이것을 힘있게 떨구며 내실로 들어와서 신돈은 그의 비대한 몸집을 보료 위에 커다랗게 내던졌다.

뒤따라 신돈의 심복인 기현의 아내가 들어와서, 먼저 찌앉은 촛불을 다스려서 밝혀 놓은 뒤에 좀 어색한 듯이 말하였다.

"아까부터 누가 와서 기다리고 있습니다."

신돈은 눈을 가느다랗게 뜨고, 기현의 아내를 쳐다보았다. 한편만 촛불을 받은 여인의 완숙한 얼굴을 잠시 쳐다보다가 물었다.

"누구야?"

"여인이올시다."

좀 질투하는 음성이었다.

"여인? 물론 젊은이겠지?"

"네."

"예쁜가? 임자와 어떤가?"

"소인보다 예쁘고말구요."

신돈은 눈으로 미소하였다.

"어디 불러들이게."

기현의 아내가 나가고, 잠시 뒤 문이 다시 열리며 젊은 여인 하나가 들어왔다.

여인은 문 안에 읍하고 섰다. 신돈은 여인의 얼굴을 보려 하였으나, 불이 약하기 때문에 잘 보이지 않았다.

"자, 이리와 앉지."

여인은 대답이 없었다.

"여기로 오지 않았다가는 내가 일어설 테야."

계집은 앉았다.

"좀더 가까이……."

계집은 더 가까이 왔다. 신돈은 계집의 얼굴에 비치도록 불을 돌려 놓았다. 서민은 아니었다. 스물서넛 났을까? 꽤 예뻤다.

"무슨 일로?"

대답이 없었다.

"무슨 일로? 나를 찾아온 이상에는 무슨 곡절이 있겠지? 대답 안 하면 도로 내보낼 테야!"

"소인의 지아비의 구실 자리를 좀 높여 달라러……."

"지아비의 구실 자리라? 그럼 왜 지아비가 안 오고 임자가 와? 병중인가?"

계집은 대답이 없었다. 얼굴이 새빨갛게 될 뿐이었다. 신돈은 거듭 물었다.

"병중이 아니면 절름발인가?"

"……."

"절름발이가 아니면 천친가?"

신돈은 불쾌하여졌다. 말이 거칠었다.

"그래, 서방의 주소 성명은?"

선부의랑 이모의 아내라고 계집은 대답하였다. 신돈은 그것을 적었다.

"음 알았다. 네 서방은 밝는 아침 잡아다가 곤장을 쳐서 경외에 내쫓고, 너는 내 집에 있거라. 벼슬을 얻고자 계집을 보내는 놈은, 벼슬도 못하고 계집까지 잃을 것이고, 너는 이미 내게 허락할 생각으로 온 이상에는 여기 있거라."

신돈이 계집을 좋아하여 집에 많은 계집을 둔 것을 알고, 신돈의 권력을 시기하는 권문들은 고약한 풍설을 많이 퍼뜨렸다.

—— 신돈은 황음무쌍하여 계집을 즐기므로, 신돈에게 제 마누라를 바치고 그 덕으로 벼슬을 얻어 하는 무리가 많다. 지금 신돈의 신임을 받고 있는 무리들은 다 제 마누라를 빌린 자들이다. 마누라만 바치면 아무런 벼슬이라도 할 수 있다, 이런 소문이 퍼져서 신돈의 집을 찾아오는 젊은 여인들이 차차 생기게 되었다. 벼슬에 눈 어두운 사람들의 행사였다.

본래 색을 즐기는 신돈은 처음 몇 명은 벼슬도 시켜 주었다. 그러나 차차 이런 무리가 너무도 많아 가므로, 이젠 도리어 너무도 해이된 풍속에 싫증이 생겨서, 그 비루한 행동을 벌하는 뜻으로 계집만 거두고 사내는 벌하였다. 그런데도 불구하고 계집들은 그냥 찾아오는 것이다. 신돈에게서 뜻밖의 선고를 들은 계집의 얼굴은 순간 창백하게 되었다. 몸을 흠쳤다.

한 각경 뒤, 캄캄한 신돈의 침실 밖에 계집 하인 하나가 어쩔 줄을 모르고 망설이고 있었다.

신돈이 알아차리고 누구냐고 물었다. 하인의 대답은 왕이 미행하였다 하는 것이었다.

신돈은 깜짝 놀랐다. 처음은 거짓말인 줄 알았다. 반야의 정체를 안이래, 아직 다시 왕이 와 본 적이 없었다. 더구나 오늘 대궐에서는 왕비 영립의 잔치가 있었는데 왕이 미행할 까닭이 없으므로 —— 그래서 재차 물어 보아도 여전히 왕이 거동하셨다는 것이다.

신돈은 하릴없이 일어났다. 계집은 버려 두고——.

신돈은 나와서 얼른 소세를 하고 사랑으로 갔다. 과연 왕은 내시 두 명을 데리고 와서 앉아 기다리고 있었다.

"어떻게 거동하셨습니까?"

신돈이 절하매 왕은 적적히 웃을 뿐이다.

"오늘 잔치는 어찌 하시고 이렇듯……?"

"또 가련한 과부가 하나 생긴 뿐이오."

왕은 또 미소하였다. 그러나 그것은 우는 듯한 미소였다.

순간 전까지의 음락에서 갑자기 왕의 적적한 심경에 직면한 신돈은, 왕을 위로코자 얼굴에 미소를 나타내려 하였다. 그러나 잘 나타나지 않았다.

왕이 환관을 돌아보며 손을 내밀매, 환관은 무슨 작다란 보퉁이 하나를 왕께 드렸다.

"아기……."

"?"

"무니노에게……."

신돈은 가슴이 덜컥 하였다. 왕이 갑자기 미행한 것은 아기를 보기 위함이었던가? 새 왕비를 맞기 위하여 대궐에서는 북적할 동안, 왕의 적적한 심사는 문득 당신의 유일의 혈육인 무니노 아기를 생각나게 하였던가? 얼마나 고적하면 대궐을 벗어나서 이 곳까지 미행하였을까?

"이리로 모셔 오리까?"

왕은 머리를 끄덕였다. 그러나 신돈이 바야흐로 일어나서 나가려 할 때에,

"잠깐 내가 들어갑시다. 겨울 바람이 찬데……."

하면서 몸소 일어났다.

환관이 왕을 부액하려 하였다. 그것을 왕은 손짓으로 말리고 신돈과 함께 나섰다.

별당에서, 뜻않은 왕의 임어에 방과 몸을 정제할 동안, 왕은 몸소 손에 보퉁이를 들고, 찬바람에 덜덜 떨며 기다렸다.

생후 처음의 부자의 대면 —— 방이 정제되기를 기다려서 들어가매, 남향하여 왕의 자리가 깔리고, 그 앞에는 강보에 싸인 아기가 눈을 뜨고 주먹을 빨고 있으며, 반야가 웃목에 국궁하고* 서 있었다.

왕과 신돈은 들어갔다. 왕은 남향하여 앉고, 신돈은 마주 꿇어앉고, 반야는 영외에 엎드렸다.

왕은 힐끗 반야를 보았다. 본 뿐, 곧 도로 아기에게로 눈을 돌리고 잠시 굽어보았다. 신돈이 촛불을 정면으로 비친 아래 누운 강보의 왕자는, 주먹을 빨며 무엇이라 둥얼둥얼하며 눈을 희번덕거렸다.

이 모양을 굽어볼 동안, 왕의 얼굴에는 차차 차차 미소가 나타났다. 음울한 기분이 식어져 갔다. 왕은 손을 들어서 강보의 자락을 들었다. 그런 뒤에 당신 손이 찬 것을 근심하는 듯이 몇 번 손을 비빈 뒤에, 아기의 왼편 옆구리를 들치고 들여다보았다.

"첨의!"

만면의 웃음——.

"왕씨의 자손은 반드시 왼편 옆구리에 커다란 사마귀 세 개가 있소이

＊ 국궁(鞠躬)하다 몸을 굽혀 존경하는 뜻을 나타내다.

다. 자, 이것 보시오."

굽어보매 거기는 큼직큼직한 사마귀 세 개가 분명히 있었다.

왕은 그것을 본 뒤에 만족한 듯이 아기를 두 손으로 조심히 쳐들었다. 얼굴 맞은편에 높이 쳐들고 한참을 들여다보고 있을 동안, 만족한 듯이 미소가 나타났던 얼굴에 미소가 없어지고, 차차 적적해졌다가 그 뒤에는 차차 우울해지고, 마지막에는 뺨으로 눈물이 흘렀다.

"전하, 왜 앙앙해하시옵니까?"

왕은 덜컥 아기를 놓았다. 흑 하니 느꼈다.

"전하!"

"공주가 살아서……."

"전하, 이미 가신 이는 가신 이올시다. 돌아오시지 못할 분을 생각하시면 무얼 하리까? 전하, 유일의 혈사가 장성하시기까지……."

"아니, 이 아기의 장성은 보지 못할 것 같구료."

"그런 말씀이……."

"아니, 영전이나 낙성한 뒤에는 나도 머리를 깎고 공주의 명복이나 빌면서 여생을 보낼까 하지만, 그 때까지도 살지 못할 것 같구료."

"아니올시다, 전하, 전하께서는……."

"첨의도 모르시지, 내 마음은. 이즈음 강잉히* 살아는 가지만, 속으로는 기운이 하나도 없어서 드러눕기만 하면 방금이라도 죽을 것 같구료."

신돈은 대답할 바를 몰랐다. 하릴없이 손으로 아기의 볼을 쓸어 보았다.

"나 천추만세 후에는 이 아기는 첨의께밖에는 부탁할 곳이 없소이다."

＊ 강잉(强仍)히 어찌할 수 없어서 그런대로.

왕은 눈물을 씻었다. 그리고 가져온 보퉁이를 아기의 강보 곁에 가만히 갖다 놓았다. 자식에게 어버이로서의 선사——.

신돈은 그냥 허리를 굽히고 아기의 볼만 쓸고 있다가 힐끗 영외에 엎드려 있는 반야를 보았다. 행여 왕의 눈이 한 번이라도 돌아올까 하여 기다리고 있는 모양이 측은하였다. 신돈은 잠시 생각에 잠겼다. 왕도 손을 펴서 아기의 머리만 쓸어 주고 있었다.

한참을 이렇게 말없이 지난 뒤에 신돈이 문득 몸을 조금 흠쳤다.

"신은 차차 늙어서 그러하온지, 밤엔 요통이 심하오니 먼저 물러가기를 허락해 주시옵소서."

"아니 나도 환궁하겠소."

신돈은 뜻하지 않고 반야를 힐끗 보았다. 반야의 몸이 약간 움직였다. 감정의 격동이 있는 모양이었다. 신돈의 눈을 따라 왕도 반야를 보았다. 그러나 한순간뿐이요, 곧 눈을 돌렸다.

신돈은 왕을 모시고 별당에서 나왔다. 별당 밖에 국궁한 반야 —— 비록 소리는 안 내지만 울고 있는 것이 분명하였다.

문 밖까지 왕의 보련을 보낸 신돈은 내실로 들어가지 않고 사랑에 자리하게 하였다.

승하한 지 만 이 년이 가까워 오는 지금까지도 공주를 잊지 못해 앙앙불락하는 왕——.

왕의 돌아봄을 못 받아 적적해하는 반야——.

두 개의 적적한 혼을 생각할 때에, 신돈은 오래간만에 느끼는 승도로서의 감정 —— 인간 무상에 얽힌 고적감 때문에 잠이 잘 오지 않았다.

내실에서는 한 여인이 그의 돌아오기를 기다릴 동안, 신돈은 사랑에서 인간 무상과 가지가지의 인간 상태를 탄식하고 있었다.

신돈의 정치적 업적의 제 일 년도 지났다. 각 장령들을 변방으로 보내기 때문에 외구의 침범이 적었고, 관리의 탐욕을 용서없이 벌하기 때문에 백성의 기운이 얼마간 펴지고, 얽히고 설킨 권문들의 거미줄을 되는 대로 끊어 놓기 때문에 떼를 지어 음모를 하는 일이 없어지고, 공맹을 무서워하지 않기 때문에 선비들의 잔소리가 적어지고 —— 첫솜씨로서는 성공한 편이었다.

세족과 선비들의 아우성은 꽤 심하였지만, 이것은 모두 자기네의 개인적 원한을 토로함이었지, 서민들은,

"성인이 출현하였다."

고까지 찬송하였다.

이런 일 년이 지나고 그 이듬해 여름, 작년 봄에 기공한 공주 영전이 거의 낙성되어 갈 때에, 왕은 영전을 몸소 가서 보고, 다시 헐어 버리라는 엄명을 내렸다. 영전이 작고 좁아서, 중 삼천을 수용할 수가 없다는 것이 왕에게 불만이었다.

그리하여 짓던 영전은 그냥 버려 두고 마암에다가 굉장히 큰 설계로서 새로이 짓기 시작하였다. 왕이 공주를 생각하는 지극한 정성은 영전이나마 전무후무한 것을 짓고 싶었다.

신돈은 딱하였다. 왕의 심경을 동정하자면 얼마든 광대한 영전이라도 지어 드리고 싶었으나, 지금 농번기에 많은 인력을 들여서 또 새로이 영전을 기공한다 하는 것은, 목민자의 차마 하지 못할 일이었다. 아닌게아니라, 벌써부터 민원성이 차차 들렸다.

새 영전 역사를 시작한 것이 유월 —— 유월에서 칠월, 팔월 한창 농번기에 농민들을 사역하는 공사라, 말썽이 차차 높아 갔다.

이리하여 팔월 어떤 날, 때의 도첨의 시중 유탁과 첨서밀직 정사도와 정비 안씨의 친정아버지 극인이 서로 의논한 결과, 왕께 영전 역사를 중지하기를 상소하였다.

그 날도 마침 영전 도본을 상에 놓고, 어떻게 하면 전무후무한 영전

이 될까 하고 이리 궁리 저리 궁리할 때에 이 상소가 들어왔다.

왕은 처음에는 무심히 이 글을 보았다. 보다가 얼굴이 검붉게 되었다. 왕은 글을 찢었다. 그리고 눈을 들어서 둘러보고,

"삼사사 입직 안 했느냐?"

하고 호령하였다.

어명에 삼사좌사 이색*이 달려와서 미처 대령한다는 말도 올리기 전에,

"도첨의 시중 유탁*과 첨서밀직 정사도를 당장에 순군에 내리오. 동지밀직 안극인은 집에 가서 대령할 것이고, 정비는 아비의 죄로 제 친정으로 돌려보내오."

하여 영이 추상 같았다*.

왕의 친명이며 또한 어찌된 영문인지 모르는 이색은 명령대로 시행하려 나갈 때, 왕은 소매를 떨치고 침전으로 들어갔다.

왕의 노염이 너무도 컸는지라, 재상들은 노염을 풀고자 연하여 아뢰었으나, 왕은 침전에서 나지 않고 침전에 누구든 들이지 않았다.

정비 안씨를 쫓아 돌려보내기 때문에, 안 문제까지 되므로, 태후도 근심하여 시신을 보냈지만, 태후의 시신까지도 왕을 보지 못하였다.

그 밤을 왕은 통분하여 한잠을 못 잤다. 공주의 신성함을 유린당한 것 같아서, 속이 불붙듯 하는 가운데서 왕은 그 사이 잊었던 삼 년 전의 일까지 회상하였다. 그것은 다른 것이 아니라, 공주 승하한 뒤 처음은 사흘 동안 제사를 안 드렸다. 공주의 장례를 영화 공주(인종의 딸)의 의식에 좇아서 했다. 이 두 가지의 일이었다.

서민도 죽으면 그 첫날부터 제사를 지내거늘, 일국의 국모되는 공주

---

* 이색(李穡) 고려말의 문신.(1328~1396)
* 유탁(柳濯) 고려 제31대 공민왕 때의 정치가.(1311~1371)
* 추상(秋霜) 같다 호령 등이 위엄이 있고 서슬이 푸르다.

는 사흘을 제사를 못 받았다. 또한 장례에 있어서도 영화 공주는 일개 왕녀에 지나지 못하는 신위요, 대장 공주는 일국의 국모임에도 불구하고, 공주의 장례를 영화의 의식에 따라서 행한 것이었다.

그 때에도 이것을 도맡아 본 사람은 유탁이었다. 그 때의 그 유탁이 이번에 또한 영전 역사를 중지하라는 상소를 한 것이다.

이 유탁에게 대한 괘씸한 생각 때문에, 왕은 밤새도록 한잠을 못 이루고, 밝는 날 새벽에 신돈과 몇 재상들을 불러들이고, 삼사좌사 이색에게 명하여서 유탁을 국문케 하였다.

이 때에 이색의 지혜만 없었더면 유탁은 반드시 죽음을 면치 못하였을 것이다. 이색은 유탁을 국문한 뒤에 어전에 엎드려 복계하였다.

"유탁의 말을 듣삽건대, 국모 승하하신 뒤에 신자로서 국모를 잃은 애통 때문에 순서를 잃고 부지중 궐제를 한 것이옵고, 장례의 절차는 신축년 난리에 고례문을 죄 잃어서 빙거할 바를 알지 못하옵고, 단지 기억에 남아 있는 영화 공주 장의의 절차로 행하였다 하옵니다. 신자의 도리로서 아무리 애통 총망 중이기로 궐제를 하였다는 일은 용서치 못할 죄옵지만, 국모상을 당한 망극 중이었사오니 관대한 처분이 계시기를 바라옵니다."

"그런 말로 면하려고? 내 마음이 굽히지 않으니 할 수 없소."

냉혹한 태도로 왕은 간신히 유탁을 죽일 것이라는 뜻을 나타내었다.

신돈도 왕의 곁에 묵묵히 앉아 있을 뿐이었다. 이렇게 맹렬히 노한 것을 처음 보므로, 어떻다 말을 끼울 수가 없었다.

무서운 공기가 흐르는 가운데, 군신은 잠시 묵묵히 있었다. 그 뒤에 왕이 또 입을 열었다.

"유 시중의 죄로 말하자면, 첫째로 오래 수상의 자리에 있으면서 불의한 일을 해서 하늘이 가물으니 이것이 죄요, 둘째는 연복사의 밭을 빼앗았으니 이것이 죄요, 공주 승하 후에 삼일 궐제가 그 셋째요, 장례에 영화 공주의 예를 좇은 것이 넷째 —— 이렇듯 불의 불충한 신하니 알아 하오."

이색이 또 응하였다.

"그러나 전하, 그것은 모두 기왕지사요……."

그냥 말을 계속하는 것을 왕이 빼앗았다.

"여러 말 말고, 그러면 유 시중이 옳고 내가 그르단 말이지?"

비교적 낮은 음성이나, 장차 폭발할 노염을 감춘 음성이었다. 한 찰나 두 찰나 —— 왕의 입이 드디어 폭발하려 할 때에 이색은,

"뿐만 아니오라, 이 일은 영도첨의(신돈)도 아실 일이옵니다."

고 신돈에게 밀어 버렸다.

왕은 신돈의 편으로 눈을 돌렸다. 힐문하는 눈이었다. 신돈은 즉시 받았다.

"신도 아옵니다."

"그럼, 첨의의 의견도 역사를 중지하라는 편이오?"

이 힐난에 신돈은 푹 머리를 방바닥에 묻었다. 눈물이 그의 늙은 눈에서 떨어졌다.

"전하, 성지야 거역하리까마는, 민원이 약간 있사옵니다."

왕은 잠시 뚫어져라 하고 신돈을 보았다. 신돈까지 이런 말을 하리라고는 너무도 억울하였다. 그래도 신돈뿐은 공주의 편을 들어 주리라고 믿었더니 —— 그러면 세상이 모두 공주를 배반하고 나를 배반하는가?

왕은 일어섰다. 일어서면서 이색을 불렀다.

"이 시중, 이 국새를 봉하오."

순간 모든 사람의 등골로는 소름이 일제히 돋았다. 모두 푹 엎드린 채 숨까지 죽였다. 지적받은 이색은 몸만 와들와들 떨 뿐 움쭉을 못하였다. 왕은 잠깐 기다리다가,

"그것까지도 복종할 신하가 없소?"

신돈이 할 수 없이 이색에게 눈짓하였다. 이색은 얼굴이 창백해지며, 손을 와들와들 떨면서 옥새를 봉하고, '신 이색 근봉(臣李穡謹封)'이라 썼다.

그것을 보면서,

"내가 덕이 없다고 내 말을 좇지 않으니, 마음대로 유덕한 자를 구해서 국새를 맡기오. 왕손은 별 종자며 서민은 별 종잘까? 고약한!"

최후의 말을 탁 내어 던지고 휙 들어가 버렸다.

왕이 들어간 뒤에도, 모두 잠시는 죽은 듯이 고요하였다.

이 신하들이 정신을 수습하고 왕을 찾을 때는, 왕은 환관 네 명을 데리고 대궐에서 종적이 사라진 때였다.

왕을 잃은 대궐은 물끓듯 하였다. 대궐에서 왕을 찾노라고 야단할 동안은, 왕은 환관 네 명을 데리고 정비 안씨궁(정비는 어제 친정으로 쫓았다.)으로 공주의 진영 하나만 모시고 가서, 그 앞에서 너무도 통분하여 통곡을 하고 있었다.

왕의 행방을 알고, 재상들이 옥새를 받들고 행궁으로 갔지만, 댓돌 위에도 올라서지 못하게 하여 그냥 돌아왔다. 수라반도 못 들이게 한다고 모두 얼굴이 사색이 되어 돌아갈 뿐이었다.

대신들은 모두 어쩔 줄을 모르고 이 구석 저 구석에서 수근거리고 있을 동안, 신돈은 혼자서 넓다란 정청을 지키고 묵묵히 앉아 있었다.

'딱한 일이 생겼군!'

물론, 유탁, 이색 이하 몇몇 사람을 죽여 버리면, 왕의 마음도 풀릴 것이다. 그러나 신돈의 마음은, 이 재상들은 결코 죽이고 싶지 않았다. 유탁의 용맹과 과단성, 정사도의 곧은 마음, 이색의 지식과 슬기로움. —— 모두 일국의 재상으로 그 자리를 더럽히지 않는 인물들로서, 이런 변변치 않은 일과는 차마 목숨을 바꿀 수 없는 인물이었다.

신돈 자기의 몸을 호화롭게 하기 위하여 좌우에 모은 소인배의 무리

와 달라서, 이 인물들은 국가 동량의 재로 아껴 오는 인물들이다. 어떻게 해서든 그들의 목숨을 해하지 않고 이 문제를 해결을 시켜야겠다.

두런거리는 대궐에 외따로이 홀로 앉아 있던 신돈은, 저녁이 거의 되어, 왕이 사랑하여 기르는 비둘기들이 모두 제 깃으로 들어갈 때쯤 해서야 자리에서 일어났다. 그리고 순군에 명하여 이색을 옥에 내렸다.

그 날 밤도 꽤 어두워서, 신돈은 혼자서 왕이 있는 정비 궁으로 갔다. 너무도 당돌히 올라오므로 수직하던 내관들도 혹은 어명으로 오나 하고 망설일 동안, 신돈은 어느덧 왕의 침전 안으로 들어갔다.

"첨의 신돈 아뢰옵니다. 삼사좌사 이색을 어명에 거역한 죄로 하옥하였습니다. 신돈 마땅히 대죄할 처지에 있사오나, 지금 이색의 일을 끝내고는 대명하겠사옵니다."

왕은 신돈이 이렇게 아뢰어도 아무 대답 없이 신돈을 보았다.

신돈은 거기 꿇어 엎드렸다. 그리고 눈물을 흘리며 이색의 아까의 행동은 오로지 전하를 위함이지, 자기를 위함이 아니라는 점을 누누히 설명하고, 이색이든 유탁이든, 모두 추호라도 승하한 공주를 소홀히 함이 아니라, 모두 전하와 전하의 백성을 위하여 자기 몸이 죽기를 무릅쓰고 간하였다는 말을 하여, 이 본시 어진 왕으로 하여금 종내 머리를 끄덕이게 하였다.

이튿날 환궁한 왕은 하옥하였던 신하들을 모두 어전에 부르고 술을 주며,

"내가 너무도 가볍게 노해서 재상들을 욕보게 한 것을 너무 탓하지 말고, 이 뒤에도 늘 충성을 다해 주시오."

하고 간곡히 말하였다. 일단 친정으로 쫓았던 정비 안씨도 도로 불렀다. 그러나 왕의 마음에는 유탁의 과실뿐은 장래 영구히 잊을 수가 없었다. 이리하여 이번의 사변 때문에 이 뒤에는 다시 영전 역사에 대해서 감히 말하는 자가 없었으며, 왕은 또 왕으로서 역사를 처음같이 쳐몰지 않고 천천히 진행시켰다.

왕의 십팔년 십구년도 주마등과 같이 지나갔다.

왕의 신돈에게 대한 신임은 그 끝이 없는 듯하였다.

왕은 무니노 아기를 보기 위하여, 자주 신돈의 집에 미행하였다. 신돈의 집은 이전에 있던 곳이 아니요, 대궐 서남쪽에 빈터가 있는 것을 신돈에게 주어서 거기 짓게 한 것이다.

아기에게 대한 애정이 나날이 자람에 따라서, 반야를 긍휼히 여기는 생각도 차차 들었다. 공주 이외에는 여인을 보지 않으려는 왕이매, 다시는 반야를 모시게 하지는 않았지만, 쌀을 한 달에 삼십 석(碩)씩 하사하여 용에 쓰게까지 하였다.

때때로 영전 조영하는 데 거동을 하고, 밤에 신돈의 집에 미행하고,

굉장하게 문수회를 차리고, 공주의 혼전에 제사하고, 이런 사사로운 일 이외에는 국정을 온통 신돈에게 일임하고 왕은 일체 간섭치 않았다.

한 번 왕의 십팔년 섣달, 납일에 공주의 능에 제사치 않았다고 (본시부터 유탁을 좋지 않게 보던 나마에) 이것도 유탁의 행한 일이라고 유탁을 옥에 가두고 그 집을 적몰하였다가, 재추에서 '납제*라고는 없다는 석명을 하여, 도로 놓아 준 일이 있었다.

이렇게 전 책임과 전 권세를 한몸에 지고 나라를 꾸려 나가는 동안, 이제는 웬만치 자신도 생기고 눈도 떠지기 때문에, 신돈의 정치는 처음의 과도기를 지나서 차차 완숙하여 갔다.

그 때에, 아직껏 고려를 지배하던 원나라가 얼마만치 세력이 꺾이고, 주원장이 이룩한 명나라가 커 가는 것을 기회로 원나라와의 인연을 투기어 버렸다.

원나라에 맡겼던 제주도 도로 찾았다.

각 연변을 침략하던 외구도 뜸하였다.

정부도 이젠 안돈되어, 적재 적소에 배치된 정부는, 장차 대고려제국을 건설할 실력을 차차 갖추었다.

중의 아래 들기를 꺼리던 (문벌을 자랑하는) 고려의 세족이며 유림들 가운데서도, 좀 현명한 사람들은 신돈의 아래 머리를 숙이고 들어왔다.

이러한 가운데, 왕의 십구년 사월에는 관음전을 임시 영전으로 쓰게 하고, 그 유월에는 다시 왕께 간해서, 옛날 짓다가 내버린 왕륜사의 영전을 다시 수리하고, 마암의 대규모 영전은 중지하도록 하였다.

십구년 섣달 —— 신돈이 집정한 지 만 사 개년 뒤 어떤 날, 왕이 입시한 사관 두 명에게,

"민간의 이병은 다 내 득실이니 감춤없이 아뢰라."

---

* 납제(臘祭) 음력 12월의 제사.

고 할 때에는, 사관들은 천하가 배를 두드리며 성대를 축하하옵니다고 아뢸 만치 안정되었다.

왕의 이십년도 절반이 지난 유월 어떤 날이었다.
어떤 날 저녁, 신돈은 대궐에서 왕과 바둑을 두었다.
무엇을 깊이 생각하고 있음인지, 이 날은 유난히도 왕은 바둑이 서툴렀다. 횟수가 많았다.
한참을 두다가 왕은 한 점을 딱 놓으며, 무심히(인 듯이) 이렇게 말했다.
"다시 영전 역사를 시작할까 보오."
"안 됩니다. 아직 안 됩니다."
바둑에 정신이 팔린 신돈은 마주 돌을 놓으며 애교 없이 응하였다.
"그래도 이제는 민심도 좀 안돈되고……."
"아직 안 됩니다. 왕룬사에 영전이 있는데……."
"그건 너무 협소해서……."
"그만했으면 넉넉하옵지……."
왕은 번쩍 머리를 들었다. 허덕이었다.
"첨의까지 공주를 멸시……."
"멸시함이 아니오라, 공주전보다도 백성이 더 중하옵니다."
이제는 더 참을 수가 없는 모양이었다. 왕은 벌떡 일어섰다. 바둑에 정신이 팔려서 무심히 마음에 있는 대로 대답을 하다가 펄떡 정신을 차리고 우러러보니, 왕은 얼굴이 종잇장같이 희게 되고, 입술 몸 사지 할 것 없이 와들와들 떨고 있었다.
"전하!"
깜짝 놀라서 신돈이 엎드릴 때에 왕은 홱 돌아섰다.
"괘씸한!"
"전하!"

신돈은 왕의 옷깃을 잡으려 하였다. 그러나 왕은 뿌리치고 침전으로 들어갔다.

침전까지 쫓아갔으나, 왕은 내시에게 엄명하여 신돈을 보지 않았다.

신돈은 밤새도록 집에 돌아와서 근심하였다. 그리고 이튿날 밝자 입궐하여 왕께 뵙기를 청하였다. 그러나 왕은 허락치 않았다.

노염이 극도에 달한 것이다.

신돈은 하릴없이 집에 돌아와서 대죄하는 뜻으로 문을 닫고 근신하였다.

근신하면서도 걱정하였다. 자기밖에는 왕이 신임하는 사람이 없는지라, 지금 자기가 노염을 샀으매, 왕의 마음을 풀어 드릴 사람이 없었다.

근신하는 가운데 한 달이 지났다. 육칠월 더위에 신돈은 문을 굳이 닫고, 죄인으로 자처하고 그의 즐기던 계집도 모두 멀리하고 지냈다.

어떤 날 신돈은 어명으로 드디어 결박을 지고 대궐로 가게 되었다. 신돈에게는 특별히 친국을 하겠다 하여, 이전에는 말을 타고 출입하던 홍문을 결박을 지고 들어갔다.

친국소 앞 뜰에 꿇어앉을 동안, 얼핏 왕을 쳐다보니 그 사이 월여에 무척이도 상하였다.

신돈은 가슴이 송구하였다. 그 날 밤 바둑에만 정신이 팔리지 않았더면 좀더 달리 대답할 말도 있었거늘, 정신 없이 대답을 했기 때문에 이렇듯 여윈 왕을 보매 가슴이 찢어지는 듯하였다.

그러나 그만한 죄로는 너무도 어마어마한 경계였다. 죄한대야 과즉 견책에 지나지 않을 것을,

"대역 신돈, 네 죄를 알겠느냐?"

벽두에 대사성 임박의 이 호령에 신돈은 깜짝 놀랐다. 대역이란?

"황공하옵니다."

신돈은 머리를 흙에 비비었다. 뒤따라 추상 같은 호령이 다시 내렸다.

"상께서 너를 그만치 우우하사, 네게 과한 직책을 맡기시고 부귀를 주셨거늘, 너는 무엇이 부족해서 기현 최사원 따위와 역적을 도모하였느냐?"

"?"

신돈은 가슴이 철썩 내려앉았다. 한 순간 온 천지가 아득하였다.

"네 도당은 모두 토사를 했으니, 너도 이실고지*하고 성은이나 바라거라!"

어서 아뢰어라의 소리가 천지가 진동하는 듯한 가운데, 신돈은 너무 억하여 숨이 딱 막혀서 말이 나오지 않았다. 눈물만 비오듯 하였다.

역적 도모라 한다. 도당은 벌써 토사했다 한다. 그 사이 다년간 고려 정사를 맡아 본 신돈은 다 알아채었다. 자기가 왕과 불화된 이 기회를 타서, 누가 참소를 한 것이다.

누구라고 그것을 캘 것도 없다. 자기가 왕에게 신임을 받거니, 이 고려의 권문 세가들이 모두 할 수 없이 자기에게 붙어 있었다. 그 신임만 없다 치면 모두가 저 편이 되고 중 출신인 자기는 홀로 비어져 나올 것이다.

언관은 자기를 극도로 참소할 것이다. 사관은 자기를 극도로 곡필을 할 것이다. 재상은 자기를 대역자로 몰 것이다.

어서 아뢰라는 호령과 함께 등으로 빗발치듯 내리는 곤장을 한참 받다가, 신돈은 조금 머리를 들었다.

"전하께 직소하겠습니다."

"무에냐?"

대사성이 대신 물었다.

"전하, 신은 육 년 전에 전하께 죽을 죄를 짓삽고, 그 때 전하께 바친

---

* 이실고지(以實告之) 사실 그대로 고함.

목숨이매 언제 거두실지라도 어의에 달렸을 뿐, 그 사이의 연명을 사례할 따름이옵니다마는, 오늘 친국의 취지만은 신이 도무지 모르는 바로소이다."

"네 도당이……."

임박이 대신 호령하는 것을 신돈이 받았다.

"전하도 총찰하시는 바, 신의 지위가 인신의 극이오매 무엇이 부족하와 불궤를 도모하옵고, 신이 이미 연로하옵고 신에게 후사가 없으매, 누구를 위하여 외람되이 보위를 엿보리까? 이……."

"그것으로 미루어 볼지라도, 너는 자초지종으로 사언*이 아니냐? 네게는 자식이 있다는……."

"아니옵니다. 신……."

"있다!"

"아니옵니다. 신 본시 유병하와 자식을 못 보옵니다. 무엄한 말씀이오나 신이 칠팔 년간에 사한 계집의 수효도 적지 않거늘, 한 계집도 유신하여 보지 못하고, 오직 한 계집이 작년에 사내애를 낳았삽는데, 그것은 그 계집의 본남편의 자식인 것은 그 계집도 알고 신도 잘 아오나, 신이 노래에 너무 적적하와 그냥 신의 아들이라 불러 둔 것이 있사옵지만 그 밖에는 후사가 없사옵니다. 남의 자식을 위하와 성은을 배반하올 신이 아니옵니다. 통촉합소서."

"네 일찍 내게 한 말이 있지 않으냐? 젊은 계집을 많이 가까이 함은 사하기 위해서가 아니라 양기를 기르기 위해서라고. 그런데 사했단 말이 또 웬 말인고? 그것도 사언이 아니랄까?"

여기는 할 말이 없었다. 눈물만 비 오듯 쏟아질 뿐이었다.

신돈은 왕의 특별한 관후한 처분으로 수원에 유배되었다. 소위 도당

---

* 사언(詐言) 거짓말.

들은 모두 죽었다.

　유배되는 길에, 신돈은 이번의 참소자가 누구인지를 비로소 알았다. 선부의랑 이인이었다. 몇 해 전에 자기에게 아내를 보내서 벼슬 높여 주기를 청하였거늘, 신돈은 이것을 괘씸히 보고 계집만 빼앗고 청은 안 들어 주었더니, 그 결과가 오늘의 이것이었다.

　배소로 떠날 때, 신돈은 기회를 타서 재상 이인임*에게, 왕께 아기마마의 뒤를 거두어 달라는 부탁을 단단히 하였다.

　그 뒤에, 대간은 다시 상소하여 신돈의 가산을 적몰하고 신돈을 주하기를 청하였다. 이리하여 신돈은 수원 배소에서 목자르고, 그 목을 갖다가 서울에 걸어서 구경을 시켰다.

　신돈이 죽은 뒤에 왕은 신돈의 집에서 기르던 무니노를 대궐로 불러

---

* 이인임(李仁任)　고려 말엽의 문신.(?~1388)

서 태후께 알현시켰다. 동시에, 신돈 죽은 이제는, 다시 간할 사람이 없는 영전 역사를 시작하였다. 왕자 무니노의 생모 반야는, 신돈의 집이 적몰될 때에 어디로 갔는지 없어졌다.

신돈 죽은 지 한 달, 두 달간은 왕은 무심히 지냈다. 그러나 석 달 넉 달 —— 날이 갈수록 통절한 고적감을 느꼈다.

정부에서는, 그 사이 신돈이 세웠던 시설을 모두 없이할 동안, 왕의 마음에는 신돈을 그리고 생각이 나날이 간절하여 갔다. 어떤 때는 공주를 사모하는 마음이나 거의 같으리만치 애타도록 그리운 때도 있었다. 마음의 괴로움을 하소연할 사람도 없었다. 알아 줄 사람도 없었다.

그 사이, 다 들어서 신돈에게 맡겼던 정사는, 신돈이 죽기 때문에 다시 왕에게로 돌아왔다. 그 번거로움!

정 애탈 때에는, 신돈을 부르면 그래도 신돈에게서는 좀 시원한 말이라도 있었거늘, 이 막히고 빽빽하고 답답한 재상들과 대하려면 정 진저리가 났다. 사사에 공맹을 들고 나오고 송당을 들고 나오고 선왕을 들고 나오고——.

이런 가운데서, 왕의 성격은 차차 괴벽하여 갔다. 신돈이 죽은 지 일
년 뒤 —— 마암 영전의 종루가 낙성되었다가 헐리우고 (높이가 낮다고)
영전의 취두(금 육백오십 냥, 은은 백 냥을 들인)가 된 때쯤은, 왕은 온전
히 다른 사람같이 되었다. 대수롭잖은 일에 성을 내고, 성을 내면 포학
성을 띠는 것쯤은 그래도 인간미가 있는 편이요, 때때로는 이틀 사흘을
말 한 마디도 없이 음침한 얼굴로 앉아 있다가는, 생각나면 엉뚱한 일
을 시켜서 사람들을 놀라게 하곤 하였다.

이십일년 시월에 왕은 '자제위'라는 것을 두기로 하였다. 그것은 김
흥경으로서 두목을 삼은 미소년들의 무리였다. 홍륜, 한안, 권진, 홍관,
노선 등이 왕의 사랑을 받는 소년들이었다.

그러는 한편 계집들에게 대한 잔학 본능이 강하여져서, 계집 —— 그
가운데서도 젊고 예쁜 계집이 괴로워하는 양을 보는 것을 통쾌히 여기
었다. 대궐에서는 계집들은 차차 이 괴벽한 왕을 무서워하고 꺼리었다.
어떤 날, 왕은 홍륜을 익비 한씨의 방에 몰아넣은 일까지 있었다. 한씨
는 반항을 하였지만 왕까지 칼을 뽑아들고 종내 꺾고야 말았다. 그것을
엿보며 기뻐하는 왕…….

왕의 마음은 나날이 어지러워 갔다.

일찍이 어떤 날 청년 때에 개가 몹시 짖는 것을 보고, 저 개가 아마
배가 아픈 모양이라고 약방에 명하여 약을 주게 한 일이 있느니만치,
착하고 인자하던 본성은 어디로 가고 없어졌는지, 지금은 그냥 음침한
가운데서 날을 보내고 날을 맞고 —— 무슨 잔혹한 일을 본 뒤에야 비
로소 약간 음산한 웃음을 얼굴에 띠어 보이느니만치 왕은 격변하였다.

어떤 때 심히 마음이 어지러울 때는, 당신의 목이라도 잘라 보고 싶
은 기괴한 충동조차 일어났다. 왕의 앞에서 술상이 떠나 본 적이 없었
다. 술이 매우 취하여서 가까스로 잠이 들면 그래도 좀 나았지만, 깨어

있기만 하면 가슴이 설레이고 강박 관념에 눌려서, 잠시도 마음이 펴지는 순간이 없었다.

이런 가운데서 연달아 생각나는 것은 하나는 과거 십육 년간을 동고동락한 대장 공주의 추억이요, 또 하나는 과거 육 년간을 당신과 나라를 위하여 애를 쓰다가 도리어 당신께 죽인 바 된 신돈 생각이었다.

공주만 살아 있었어도 오늘날 이런 미칠 듯한 고경에는 빠지지 않았을 것이며, 공주 잃은 뒤에라도 신돈이라도 그냥 살았더면 어떻게든 당신을 위로하여서 이렇듯 괴로운 경지에까지 빠지게는 안 할 것이다.

나날이 체력이 쇠약하여 감을 느끼고, 나날이 늙어 감(마흔네 살이었다.)을 느끼고, 나날이 마음이 더 어지러워 가는 것을 느꼈다. 이제 더 산대야 얼마를 더 살지 못할 것이요, 오래 산다 하여도 그것은 괴로운 시간을 더 오래 누리는 데 지나지 못할 것이다.

어떤 날, 왕은 태후궁에 태후께 뵈러 갔다.

인사가 몇 마디 왕래된 뒤에, 왕은 침울한 음성으로 말하였다.

"신의 수도 이젠 다하고 얼마를 더 살지 못할 것 같습니다. 태후전마마! 무니노를 당부하옵니다. 아직 아무 철모르는 어린애옵니다만……."

"전하는 그게 무슨 말씀이오?"

"신의 망령이 아니옵니다. 지금 후사를 세우지 않으면 한을 천추에 남길 듯하옵니다. 이 사직도 부탁하려니와 공주 영전의 역사를 뉘 맡아서 승계하리까?"

태후는 이 아드님의 초췌한 양을 민망한 듯이 한참을 보았다.

"영전의 굉장 화려한 것이 천하에 무비라고 원성이 많은 위에, 전하는 또 농번기에도 비만 오면 영전 역사에 방해된다고 기청제*를 드리고 하니, 이것은 임금된 도리에 어그러진 일로 아오. 또 이즈음 들

---

* 기청제(祈晴祭) 날이 개기를 비는 제사.

으니, 김흥경 등 소년들을 일야 대궐에 머물러 둔다 하니, 이것도 또한 인자의 효도를 막는 것으로 임금의 취하지 않을 일이오. 전하! 늘밤이 깊도록 깨어 계시다니 밤이 늦으면 아침도 늦은 법이라, 정사에 게으르게 될 터이니, 역시 임금의 피할 일인데 좀 삼가시오."

왕은 침울한 얼굴로 듣고 있다가, 모후의 말이 끝나자 일어서려 하였다. 태후는 왕의 옷깃을 붙들었다.

"전하! 내 말에 대답을 하고 나가시오."

"네!"

명료치 않은 대답을 하고 몸을 돌이키려는 왕을, 태후는 그냥 안 놓아 주었다.

"들으시오. 안 들으시오?"

"명대로 시행하겠습니다."

"또 비빈들은 왜 보지 않으시오?"

왕은 머리를 끄떡 하였다. 그 자리에 주저앉았다.

"공주만한 자 없습니다."

주르르 눈물이 흘렀다.

이 마흔네 살 난 아드님의 눈물을 보고, 태후는 가만히 있었다.

"사람은 한 번 죽는 것 —— 전하도 면치 못합니다."

그러나 왕은 눈을 멍하니 뜨고, 눈물만 흘리고 있었다.

음산한 왕과 난륜의 궁실과 어지러운 정국 —— 이런 가운데서 그 해도 또 넘어갔다.

정치의 중심이던 신돈이 없어지고, 왕 또한 정치를 돌보지 않으므로, 재상들이 제각기 당파를 짜 가지고 제멋대로 놀아나는 고려의 정국은, 다시 수습하기 어렵도록 어지러워 갔다.

이런 어지러운 가운데서, 이십사년 봄도 가고 여름도 또한 가고 가을

이 이르렀다.

그렇지 않아도 음산한 가을 팔월 어떤 날, 왕은 꺼질 듯한 음침한 기분으로 환관 최만생의 부액을 받아 후원을 거닐고 있었다.

후원의 어느 곳이라 이전 한때 공주와 손을 마주 잡고 안 다녀 본 곳이 있을까? 봄에는 꽃을 따러, 여름에는 녹음을 찾아, 가을에는 낙엽을 주으러, 겨울에는 눈을 보러, 늘 함께 다니던 공주의 생각 때문에, 왕의 푹 숙이고 있는 얼굴에서는 연하여 눈물이 흘렀다.

한참을 이렇게 거닐다가 문득 변의가 생긴 왕은, 만생을 데리고 내전으로 돌아왔다.

매화틀에 앉아서 왕이 침울한 얼굴로 앞만 바라보고 있을 때에, 곁에 부축하던 환관 최만생이 허리를 굽혀서 제 입을 왕의 귀에 가져다 대고 소근거렸다.

"상감마마, 익비께서 유신*하신 듯이 들었습니다."

"무얼! 익비가?"

"네, 벌써 다섯 달인가고 들었습니다."

왕은 한 순간 기괴한 표정을 하였다. 그 뒤에 물었다.

"누구라더냐, 사내는? 들었느냐?"

"비의 말씀이 홍륜이라 하옵니다."

"홍륜?"

왕은 잠시 침울한 얼굴을 계속하였다.

"응! 공주 생전에 늘 원자 없는 것을 근심하더니 이젠 됐다."

왕은 일을 끝내고 일어났다.

"홍륜의 입을 막아야 소문이 안 나지. 내일 창릉에 알할* 때 독주를 먹일까?"

---

* 유신(有身) 아이를 밴 것.
* 알(謁)하다 참례하다.

그리고는 휙 하니 얼굴을 최만생에게로 향하였다.

"너도 내막을 알았으니 살지 못할 줄 알아라."

만생은 왕의 너무도 침울한 얼굴에 몸서리쳤다.

여전히 그 날 저녁 왕은 술을 몹시 먹고 대취해서 자리에 들면서는 정신 모르고 잠이 들었다.

그 밤도 어지간히 깊은 때에 왕의 침전을 향하여 발소리를 감추어 가지고 가까이 오는 몇 명의 괴한이 있었다. 최만생, 홍륜, 권진, 한안, 노선 등이었다. 밝는 날 왕께 죄 받기 전에 왕을 시하여 자기네의 생명을 도모하고자 함이었다.

대취하여 업어 갈지라도 모를 만치 된 왕의 이불을 벗어 던진 가슴에는, 흉한들의 칼이 내리박혔다.

"도적이야!"

"역도야!"

좀 뒤에 침전에서 울리는 이 아우성 —— 이것은 역도들이 일을 끝내고 스스로 피하려고 지른 함성이었다.

그러나 위사 한 명도 이 소란한 침전으로 달려오는 자가 없었다. 침전에서 고함지르는 소리에 내전 궁인들도 모두 깨어 일어났지만, 무서워서 나오지 못하고 내전에서 야단들만 하고 있었다.

이런 소란의 대궐에, 제일 먼저 달려온 것이 왕의 모후되는 명덕 태후였다. 모후가 달려왔을 때는 흉도들은 가장 아닌 체하고 왕의 앞에서 통곡들을 하고 있을 때였다.

태후궁에서 단숨에 여기까지 달려온 태후는 숨이 딱딱 막혔다. 태후는 침전에 뛰어들면서,

"아이고 이게 웬일이오? 전하! 전하!"

피가 펑 괸 방에 주저앉아, 아드님의 머리를 흔들며 울었다.

"전하, 전하! 내가 왔소. 전하! 너희들은 빨리 가서 대신들을 지금 입
내하래라."

태후의 명으로(아닌 체하고 있던) 흉도들이 몰려간 뒤에, 침전에는 태
후 혼자서 아드님의 옥체를 흔들며 통곡하였다.

"전하! 전하! 정신을 차리오. 전하!"

문득 왕의 입술이 조금 떨렸다. 눈이 힘없이나마 조금 움직이는 듯하
였다.

태후는 얼굴을 아드님의 눈에 마주 갖다 대었다.

"전하! 내요, 내야!"

"무——우——우……."

무슨 말이 나왔다.

"무어요? 물요?"

"무——우——니——노!"

"무니노 말씀이오?"

왕은 그렇다는 뜻으로 눈을 감았다.

태후의 마음은 천 갈래 만 갈래로 찢어져 나갔다. 왕의 최후의 소원
—— 무니노를 보고 싶다는 그 소원을 들어 주자니 태후궁까지 갈 사람
이 없었다. 임종의 아드님을 두고 태후는 떠날 수가 없었다. 궁인을 부
르자니 실낱 같은 아드님의 앞에서 고함지르기가 무서웠다. 마음으로
만 안타까워서 발을 동동 구르나 방도가 없었다.

"전하! 무니노는 안심하시오. 전하의 뒤는 무니노로 반드시 잇게 할
게 ——."

이렇게 아드님의 귀에 입을 대고 불어 넣는 태후의 심장은 바야흐로
갈라질 듯하였다.

"무——우——우——무……."

"아이구 전하! 이게 웬일이오?"

보기가 무섭도록 초췌한 아드님의 얼굴에, 태후는 자기의 얼굴을 비비어 댔다.

왕은 드디어 승하하였다.

"무 —— 우 —— 무……."

무니노를 보고 싶다는 뜻을 몇 번 나타내고는, 보고 싶은 무니노를 보지도 못하고 그냥 떠났다. 십 년 전에 공주가 간 나라 ——, 또는 사 년 전에 신돈이 간 나라 ——, 옛날 친구들이 있는 나라로 ——.

왕이 운명한 뒤에야, 재상들을 부르러 나갔던 흥도들이 돌아왔다. 부르러 갔던 사람들은 왔으나 재상은 이인임 한 사람밖에는 오지 않았다.

태후는 태후궁의 무니노를 불러왔다.

"자, 절해라. 아버님이시다. 아버님이시다."

태후가 무니노를 붙잡고 울음 절반 말 절반으로 이렇게 말하매, 이 때 소년은 난생 처음으로 아버님으로서의 왕의 영해에 절하였다.

최만생 등의 악계는 날이 밝기 전에 발각되었다. 만생의 옷자락에 튄 핏방울이 날카로운 이인임의 눈에 벗어나지 못하여 국문을 당한 결과, 죄상이 명백하게 되어 옥에 내렸다.

"태후전마마, 신 일찍이 대행전하께서 강녕대군(무니노)께 관한 부탁을 받은 일이 있습니다."

"임종까지도 전하는 무니노를 부르셨소."

"유지까지 그러하온 이상은 물론 강녕대군으로 입사를 하셔야겠습지요?"

"나도 그렇게는 생각하지만, 대행왕께 혈사가 있었다는 걸 다른 재상이 믿을까?"

"거기 대해서는 상장군 이미충도 알리이다. 대행께서 이전에 금전을 만

드셔서 이 장군을 시켜서 신돈의 집에 무니노 아기께 보내오신 일도 있었삽고, 또 시중 이성계에게도 이런 하교가 계신 것을 신도 아옵니다."

"대행전하의 유일의 후사니, 무니노를 두고 딴 사람을 어디서 구하겠소."

이리하여 대행왕의 영해를 앞에 두고, 태후와 이인임은 강녕대군 우(禑, 무니노)를 제삼십이대 고려 왕으로 세우기로 내정이 되었다.

이튿날 국상은 반포되고, 또 그 이튿날, 소년 왕자는 태후의 축복과 이인임의 알선으로써 고려국 지존의 자리에 올랐다.

선왕 일대의 정과 온 고려의 수*를 다하여 축조하던 공주 영전은, 낙성 임박하여 축조자를 잃었기 때문에 마지막 한 획을 더하지 못하여, 미완성품대로 다시 황폐하여 갔다.

그러나 영전이나 두고 만나 보려던 두 혼은, 지금 사실로 만나게 되었으니 영전의 황폐를 애석해하지도 않을 것이다.

후궁에 갇히어서 나비의 돌보기를 고대하고 있던 명화 네 떨기 —— 혜비 이씨, 정비 안씨, 신비 염씨, 익비 한씨 ——.

익비 한씨는, 뜻 안한 고약한 소나기에 밟히어 스러져 버리고, 나머지 세 떨기는 그냥 봉오리 채로 끝까지 나비의 발자국을 맞아 보지를 못하였다.

그들은 연년이 가을에는 가지런히 현릉(선왕릉)에 가서 자기네들을 돌보지 않고 가 버린 나비의 외로운 혼을 곡하며 그들의 적적한 여생을 보냈다.

---

* 수(粹) 가장 순수한 것.

전제자[*]

1

무엇인지 모를 꿈을 훌쩍 깨면서 순애는 히스테리컬하게 울기 시작하였다. 꿈은 무엇인지 뜻을 모를 것이다. 뜻만 모를 뿐 아니라 어떤 것인지도 알 수 없었다. 검고 넓은 것밖에는 그 꿈의 인상이라고는 순애의 머리에 남은 것은 없다.

그는 슬펐다. 그는 무서웠다. 그 꿈의 인상의 남은 것의 변화는 이것뿐이다. 탁탁 가슴에 치받는 울음을 한참 운 뒤에 눈물을 거두고 그는 전등을 켰다. 눈이 부신 밝은 빛은 방 안에 확 퍼져 나아간다.

'아직 안 돌아왔을까?'

생각하고 그는 벌떡 일어나 앉아서 맥난 손으로 짐작으로 풀어진 머리에 비녀를 지르고 두 팔을 무릎 위에 털썩 놓은 뒤에 졸음 오는 눈을 감았다. 그의 눈에는 남의 말을 잘 안 듣는, 그러면서도 어떤 때에는 아무런 말이라도 순종하는, 벌써 스물둘이 되었지만 아직 외도란 하여 보

＊ 전제자(專制者) 혼자 모든 일을 결행하는 사람.

지도 못한 그의 오라비 동생의 네모난 얼굴이 나타났다.

"꼭 돌아왔다."

그는 중얼거리고 눈을 떴다. 그에게는 밸*은 좀 세지만 그렇게 정직하던 애가, 순애 그에게 말하라면 남자란다 —— 하면서도 또 차마 사람으로 나서는 못할 일 —— 외도를 하리라고는 사실은 어떻든 생각은 안하려 하였다. 남에게 눌려서만 살던 사람은 다 그렇거니와, 순애도 무슨 일이든 사실보다 자기 본능에 대하여 자신이 더 많았다.

그러나 —— 여기도 순애의 머리에서 떠나지 않는 그의 오라비 P의 이즈음 행동에 대한 한 점의 의혹이 있다. P에게는 이즈음 알지 못할 벗이 흔히 찾아왔다. 그들은 모두 중절모를 빗쓰고 키드 구두 소리 부드럽게 순애 같은 가정 여자에게도 한 번 보아서 건달인 줄을 알 만한 사람들이었었다. 그들이 와도 집 안에서 P와 무슨 이야기하는 일은 없었고, 언제든지 P를 더불고 밖으로 나갔다. 그리고 P도 이즈음은 모양 차림이 차차 심하여지며 어떤 때는 술이 잔뜩 취하여 돌아올 때도 있었었다.

'그래도 그렇지 않다.'

순애는 어떠한 사실보다도 확실한 증거가 있기 전에는 역시 자기 본능이 나왔다. 그는 벌떡 일어서서 치마고름을 매면서 문을 열고 나섰다.

밝은 달빛은 푸르게 적적히 어두운 뜰에 비치고 있었다. 순애는 짧게 비치는 검은 자기 그림자와 함께 발자국 소리 안 나게 가만히 걸어가서 건넌방 툇마루에 무릎을 꿇고 바늘 구멍만한 구멍으로 방 안을 들여다보았다.

"아직 안 돌아왔다."

좀 있다 그는 작은 소리로 중얼거렸다.

---

* 밸 '배알'의 준말. '창자'를 비속하게 이르는 말.

그의 오라비는 순애가 본 바와 같이 아직 안 돌아왔다. 이십사 촉의 밝은 전등은 빈틈없이 그 방을 비추고 있고, 순애 자기가 펴 놓은 자리는 아직 그냥 적적히 방 안에 벌여 있으며 그 머리맡에는 책상과 그 밖 몇 가지가 규칙 있게 놓여 있으되, 그 방의 주인인 순애의 오라비는 아직 안 돌아왔다.

순애는 그 구멍으로 시계를 쳐다보았다. 전등빛에 반사되어 똑똑히는 안 보이지만 흐릿하게 시침이 Ⅱ와 Ⅲ의 사이에 있으니 두 시는 지난 것이 똑똑하다.

이것뿐 아니라 거리에 웅웅 하며 지나다니던 전차 소리도 없어지고, 하늘을 쳐다보아야 하늘에 비치는 시가의 빛도 없으니 밤은 아무래도 깊었다.

그런데 그의 오라비는 —— 한 번도 외박하여 본 일이 없는 그의 오라비는 역시 자기의 있을 곳에 있지 않다.

'어찌 되었노?'

하다가 그는 화닥닥 악 소리를 내며 그 방 —— 오라비의 방 안에 뛰어들어가서 오라비의 이불을 훅 뒤집어썼다. 가슴의 뚝뚝 하는 소리는 이불까지 들썩거리게 한다. 그는 자기의 치마를 누가 붙들은 것 같아서 놀라 뛰어들어온 것이다.

한참 뒤에도 아무 일 없으므로 그는 이불을 벗고 얼굴을 내어놓았다.

집 안에는 중대문 밖의 행랑방에 노파 하나 있는 것밖에는 아무도 없었다. 그리고 순애의 있는 방에는 이십사 촉 전광이 빛나고 있었다. 문 밖에서는 처량히 우는 귀뚜라미 소리가 들린다. —— 순애의 마음에는 무서움보다 더 떠오르는 끝없는 외로움을 깨달았다. 마치 언어 불통하는 나라에 혼자 객창*의 첫밤과 같이 쓸쓸함과 외로움을 그는 마음껏

* 객창(客窓) 나그네가 객지에서 묵는 방.

깨달았다.

그는 방을 둘러보았다. 먼지 하나 없이 말짱히 쓸어 놓은 방 안은 전 등빛과 함께 한층 더 방 안을 쓸쓸하게 한다. 그는 일어나서 불을 끄고 빨리 드러누웠다. 불을 끄니 좀 낫다.

높은 하늘에서는 남으로 가는 기러기* 소리가 이상하게 밤 공기로 파동하여 떨리면서 날아온다.

'어찌 되었단 말인고? 아직 안 돌아오구?'

그는 생각하였다. 이 때에 순애는 P의 외도를 한 푼의 의심할 여지가 없는 것으로 단정하였다. 순애는 빛은 약하지만 수소의 맹렬로써 가슴 을 태우는 듯한 시기를 깨달았다. 자기의 자신, 믿음, 바람은 온전히 반 대의 결과로 나타난, 거기 대한 태우는 시기를 깨달았다.

'남자란, 남자란······.'

그는 남자란 할 수 없다 생각지 않을 수 없었다. 그는 두 해 전에 죽 은 자기 남편을 생각하여 보았다. 사회에서는 그의 남편이던 사람 S에 게 대하여 일반 경의를 나타내었다. S가 동경서 어떤 학교를 마치고 귀 국하매, 어떤 신문사와 잡지사에서 S로 말미암아 한 동안 경쟁까지 하 였다. 그 때 갓 시집갔던 순애는 물론 이것을 훌륭한 영예로 알고 자기 경우에 끝없이 만족하였다.

그 뒤에 순애는 S가 여기저기 훌륭한 연회에 청대*를 받고 신문 잡지 에 S의 글이 나는 것을 보고, 자기 벗들과 대할 때마다 나를 보라는 태 도로 접하였다.

그러나 —— 얼마 지난 뒤에 순애의 본 S는, 가정이라는 안경으로 본

---

* **기러기** 오리과 기러기속의 물새를 통틀어 이르는 말. 물가에 살며, 가을에 우리나라에 와서 봄에 북쪽으로 가는 겨울 철새임.
* **청대**(請待) 객을 청하여 대접하는 것.

기러기

S는 순애에게는 칭찬할 한 푼의 가치도 없었다. S는 자기 몸이 약한 것도 돌보지 않고 순애에게 대하여 극도의 정욕을 요구하였다.

순애가 때때로 그를 위하여 거절을 할 때는, 그는 성을 내며 여자에게는 제일 큰 욕을 하며, 이러하니까 내게 거절을 당한다고 이론을 붙이고 하였다. 순애도 무론 S가 순애 자기의 품행이 정당한 줄 안다고는 믿었지만 이런 소리는 극도로 온화하고 가정적인 순애에게는 참기 어려운 욕이었었다. 그는 때때로 몰래 울었다. S는 큰말을 하면서도 실행을 못하는 사람이었었다. 이것도 순애의 S의 인격을 인정치 않는 한 점이다.

그렇지만 제일 순애가 S의 인격을 인정치 않는 점은 S도 역시 사나이의 예에 빠지지 않는다는 점이다. 한 여자 —— 자기 소유로 완정된, 다만 한 여자에게 만족치 않는 S는 —— 순애에게 철저적 육욕의 만족을 얻지 못한 S는 그의 속한 사회가 사회라, 자연히 여러 여자에게 접하게 되었다.

'아, 남녀란 왜 그렇단 말이냐.'

그는 생각하였다.

가뜩이나 몸이 약하던 S는 차차 더하여 가다가, 잊히지 않는 이 년 전 오월 열하룻날, 갑자기 몸에 경련이 일기 시작하여 정신 없이 사흘을 지나다가, 사흘 뒤에 죽어 버렸다. 그의 병은 과도의 색에서 나왔다 한다.

그렇지만 순애에게는 잊히지 않는 말이 하나 있다.

"그 사이 당신에게 죄를 많이 지었습니다. 염치 없긴 하지만 용서해 주셔요. 순애 씨, 안심하고 죽어도 좋습니까?"

시들시들 마른 입으로 한 이 한 마디의 말.

아직껏 순애가 시집도 다시 안 가고 그에게 정절을 지킨 것도 그 말 때문이다. 세상 사람은 —— 남의 사정도 모르고 공연히 헛소리를 내기 좋아하는 세상 사람은 무어라든지, 임종의 S는 신성하고 정당한 순애의 남편이었었다.

이 한 마디는 전의 잘못을 용서하고도 남음이 있는 것일밖에 없다. 순애로서 보면 그런 남편의 병 간호를 마음껏 지성껏 안 한 것이 후회까지 난다. 바보, 네게 네 남편을 원망할 자격이 있느냐, 이제껏 원망하던 그 꼴은 어떠냐. S와 같은 사람, 그래도 조선 사회에 얼마의 공헌이 있는 사람의 아내 될 만한 자격이 네게 있느냐? S가 그만큼이라도 네게 대접한 것이 황송치 않으냐?

순애에게는 결혼 당시의 재미있는 추억이 생각났다. 힘있는 붙안음, 단 키스, 속삭임. —— 그렇다, 너는 넓은 바다의 조그마한 배와 같이 고생하지 않으면 안 된다. 외로이 지내지 않으면 안 된다. 남편을 위하여 세상에서는 무슨 소리를 하든 지성껏 정절을 지켜서, 아니 어떻든 네 남편의 임종의 말, 그 한 마디는 남의 사정 모르는 세상이 어떻다 하든 잊어서는 안 된다. 살았을 때의 몇만의 회개보다도 귀한 임종의 한 마디 자복*을 너는 잊어서는 안 된다.

그런데 아까 —— 뿐 아니라 이즈음 항상 네가 하는 꼴, 생전의 모든 죄를 다 씻고도 여유 있는 임종의 한 마디의 말, 그것을 잊고 그렇게 참혹히 불쌍히 고민으로 안심치 못하고 세상을 떠난 네 남편을 아직껏 용서치 못하고 자꾸 그의 죄를 탐색하는 그 꼴, 네 꼴은 어떠냐?

임종의 순결한 네 남편을 너는 벌써 잊었느냐?

순애에게는 어렴풋하고도 똑똑히, 자기 남편의 모양이 똑똑히 보였다. 원고상에 향하여 앉아서 무거운 에보나이트* 펜을 쥐고 왼손으로 갓 돋아나는 깔깔한 턱의 수염을 쓸면서 오른편 눈을 왼편 눈보다 곱이

---

* **자복**(自服) 자백하여 복종하는 것.
* **에보나이트** 생고무에 30~50%의 황을 넣고 장시간 가열하여 얻는 물질. 산, 알칼리에 강하고 전기 저항이 높아 절연체로 쓰임.

나 크게 뜨고, S에게 말하라면 '모든 사색의 출발의 근원'이라는, 벽에 붙여 놓은 잿빛 가진주를 들여다보는 S의 우아한 모양이 보였다. 그러나 여기도 순애는 S의 뒤에 있는 더러운 여성의 피를 보았다.

'그렇지만 아—— 남자란.'

시계가 세 시를 친다.

'세 시가 되는데 어쩌면 아직 안 돌아와?'

귀뚜라미 소리는 그냥 처량히 난다…….

한참 뒤에 순애는 어느덧 잠이 들었다. 잘 동안에 꿈을 꾸었다. 어떤 큰 극장 같은 데다. 무대는 대단히 밝고 관람석은 끝없이 어둡다. 보이지 않지만 사람은 가득 찬 것 같다. 무대에는 어떤 별한 댄스가 시작되었다. 그 춤추는 사람 가운데는 순애의 오라비 P도 있었다. 역시 관람석은 어둡다. 좀 뒤에 댄스는 끝났다. 극장이 터져나갈 만한 박수 소리가 난다. 한 분 두 분, 두 분 반, 세 분, 다섯 분, 십 분, 박수 소리는 그냥 난다.

그 때에 누가 조그마한 소리로, 그렇지만 똑똑한 소리로,

"손뼉 칠 것이 무어냐?"

했다. 일제히 손뼉이 멎었다. 장내에는 어떤 알지 못할 무서움이 찼다. 사람은 다 없어졌다. 순애도 무서워서 밖에 나왔다.

밝은 하늘은 가을날보다도 더 밝으며 땅은 끝없이 어두웠다. 줄기줄기 밝은 빛은 내리비치되 땅은 역시 어둡다. 그는 무서워서 집으로 가려고 어딘지 모를 길을 한없이 한없이 걸었다. 곁에서 사람의 말소리가 들리는 것 같으되 인적은 없다.

하늘은 점점 더 빛난다. 그는 무서워서 알지도 못하는 길을 이리 다녔다 저리 다녔다 한참 돌다가 저 편에서 '도우*——' 하는 일본 두부

---

* 도우 '두부'의 일본말.

장수 소리가 나므로 그리로 뛰어가려다가 훌쩍 깨었다.

온몸은 찬땀으로 적셨다. 저 편 길에서는 종소리와 함께 도우—— 하는 두부장수의 소리가 들리고 창으로는 검은 새벽 빛이 비친다.

그는 이불을 차고 벌떡 일어났다. 새벽 첫 전차 소리가 웅 하니 들린다.

2

사흘 뒤에야 P가 돌아왔다. 돌아오기는 하였지만 빨리 보면 P와 비슷한 사람이로다 하기 이상으로는 보기 힘들도록 변하여 왔다. 붉은 빛은 안 보였지만 그래도 건강을 나타내던 P의 얼굴은 멀쩡게 중병 앓은 사람같이 변하였고, 이전에는 그리 보이지 않던 광대뼈가 눈에서 급각도로 두드러져서 마치 P의 방에 걸려 있는 그림의 못 곁에 있는 봉우리와 같이 되었다. 사흘 동안에 사람이 이와 같이 변하는가 생각되도록 변하여 돌아왔다.

P는 누구한테 들키는 것을 두려워하는 듯이 빨리 머리를 숙이고 순애의 방 앞을 지나서 자기 방에 들어갔다.

순애는 P가 들어서는 순간, 우뚝 일어섰다. 문 걸쇠를 잡았다. 그렇지만 종내 문은 못 열었다. P가 문을 닫는 소리가 들릴 때에 순애는 유리에 이마를 대고 건넌방을 보았다.

그러나 P의 중하게 앓는 소리가 덜썩 날 때에 순애는 마지막 결심으로 문을 연 뒤에 더벅더벅 그 방으로 건너가서 이전에 아직 안 나타냈던 엄정한 태도로 주저앉았다.

P는 이마를 책상에 대고 있다가 흐리멍덩한 눈으로 잠깐 누이의 얼굴을 쳐다본 뒤에 도로 책상에 엎디어 버렸다.

'무얼 웃니?'

생각하면서 순애는 P가 자기를 쳐다볼 동안 억지의 웃음을 웃다가,

'꼴 봐라.'

자기를 비웃은 뒤에 속으로 무섭도록 엄하게 되어서 엄한 소리로 P에게 대하였다.

"그 사이 어디 갔었니?"

P는 맥나는 듯이 머리를 들고 순애를 쳐다본 뒤에,

"에 ——, 머리 아프다."

하면서 다시 머리를 숙였다.

"머리가 왜 아플까?"

순애는 온화한 소리로 대답하였다. 순애는 속이 꿀떡꿀떡 하여 왔다. 자기 하고 싶은 말이 나오지 않는 것도 속이 꿀떡거리지만 그에게는 온화한 소리로 대한 것이 더 꿀떡거렸다. 이런 때에 온화한 소리가 어디가 필요 있을까? 좀더 엄하게 책망을 하여야겠다. 그 애도 사람이면 이 년 전에 부모를 여읜 뒤에 아직껏 자기를 보호하여 준 내게야 설마 반대를 하랴. 그에게 대한 전 책임은 내게 있다. 순애는 좀 잔혹하게 P를 찔렀다.

"어떻든? 재미있었지?"

P는 또 잠깐 순애를 흘겨본 뒤에 머리를 다시 숙였다. 순애는 돛에 바람받은 배다. 여기까지 와서는 일직선으로 이끌어지지 않을 수가 없었다.

"그래두 P야, 못 써! 아직 스물 소리 듣는 애가 장가두 가기 전에 그래서 쓰나? 너, 네 형님 못 봤니? 그러다 종내 세상까지 떠나구."

"누님, 자리 좀 펴 주오. 머리가 아파서……."

P는 책상에 머리를 댄 대로 말한다.

"응, 깔아 주지. 그 전에 내 대답 하나 해라."

"무슨 대답이오?"

P는 천천히 머리를 들었다.

"너 이담에두 그런 일 하겠니, 안 하겠니?"

"무슨 일이오?"

"외박."

P는 무서운 눈으로 순애를 흘겼다. 순애는 머뭇머뭇 눈을 아래로 내리깔고 손 앞에 있는 종이 조각으로 새끼를 꼬기 시작하였다.

"외박이면 왜요?"

좀 뒤에 P는 물었다. 순애는 대답하지 않을 수 없는 경우에 이르렀다.

"그래두 너의 형님두 보아라. 아버지두 그렇구, 모두 그런 일로 아버지는 오십 미만에 세상을 떠나시구, 너의 형님두 한참 좋은 나이에 없지 않았니?"

"자리나 펴 주셔요. 싫으면 내 깔지."

하면서 P는 허둥지둥 일어서서 자리를 채어다가 쫙 폈다. 순애는 갑자기 눈이 어두워지면서 화닥닥 뛰어서 자리 위에 덜썩 올라가 앉았다.

"못한다 못해! 내가 펴 주기 전엔 못해! 나는 너를 네 형님과 같이 안 되게 하려구……."

"나는 형님 그 병장이와 같단 말이에요?"

P는 고함쳤다.

"무얼!"

순애는 숨이 딱 막혔다.

"동생네 집에서 얻어잡숫는 것만 해두 고마운 줄 알아 두소. 남이 아무 짓을 하든…… 치셔요."

하면서 P는 순애를 밀쳤다.

순애는 온몸의 피가 모두 얼굴에 모이고 싸늘한 바람이 낯을 스치는 것을 깨달았다.

십여 초 뒤에야 피는 한꺼번에 아래로 내려간다.

"네가 이런……."

"하구말구요. 나가 주셔요. 졸음 와요."

순애는 정신 없이 자기 방에 왔다.

"어느 틈에 이렇게까지 못되게 되었노."

순애는 이상하도록 똑똑한 의식으로 생각하였다. 그렇지만 그 뒤는 온통 깜깜이다. 이상하게 얽힌 실로서 풀 바가 없었다.

일곱 색의 실이 범벅으로 이상하게 얽혀서 풀래야 풀래야 더 엉키기만 하였지, 풀 수가 없었다. 때때로 한꺼번에 풀어지는 듯하다가는 그것이 일제히 이상하게 도로 얽혀서 그 뒤에 남는 것은 어두운 가운데 명, 암, 명, 암으로 반짝이는 이상한 불꽃뿐이다. 때때로 얼굴에 분 바르고 상스러운 교태로 남자를 끌려는 별한 여성이 보이고, 번쩍 머리에 한 줄기의 번개가 지나가지만, 여기까지 오면 다시 이상한 실은 더 이상하게 얽히어 수수께끼의 반짝이는 불만 남는다.

그는 멀거니 방바닥에 비친 네모난 햇빛을 들여다보면서 풀 수 없는, 수없는 수수께끼를 풀려고 애를 쓰고 있었다.

병쟁이, 더러운 여성, 외박, 이것이 모두 합하여 수수께끼가 풀어지려다가는 다시 조각조각 나서는 아무 뜻도 없는 문법상 '명사'로도 변하고 때때로는 여기서 이상히 얽힌 철리*로 보이다가는 다시 헤어져서 거기 남은 것은 P의 네모난 얼굴이 되고 만다.

순애는 몇 시간을 이렇게 앉아 있었다.

3

전제자 —— 한참 뒤에 그가 겨우 얻은 해답은 이것이다. 일곱 색의 얽힌 실은 다 풀리지는 않았으나 대부분은 이 한 구로 풀어졌다. 가정

---

* 철리(哲理) 아주 깊고 오묘한 이치.

의 폭군 S를 두고 봐라. 아버지를 두고 봐라. P를 두고 봐라. 내가 아는 남자를 다 두고 봐라. 남자란 가정의 전제자 아니고 무어냐.

그들의 눈에는 아내도 없고 자식도 없고, 또는 손위의 동기도 없고, 다만 있는 것은 뺄뿐이다.

그들의 사랑은 다만 자기에게 만족을 줄 때만 나고 조금이라도 불만이 있을 때는 욕이라 —— 매라 —— 이혼이라, 자기보다 약한 자를 업수이 여기며 자기는 가정에 대한 지식이 한 푼어치도 없는 꼴에 비단 의복을 내라, 찬이 나쁘다, 하는 것으로 학대를 받아서 머리 들 기운도 없는 사람에게 자기의 재간*을 다하여서 덮어 누르니, 이 가정의 전제자가 아니고 무엇이냐? 그런 뒤에 자기의 트집을 조금이라도 말하여 주면 그만 성을 내어 마지막에는 혈속까지 무시하니, 이 가정의 전제자가 아니고 무엇이냐?

그러나 이것을 유일무이의 새 격언을 발명한 것같이 생각하는 내 꼴은 어떠냐?

옛일을 캐지 않으리라. 남의 일을 생각지 않으리라. 제일 가까운 내 일로, 내가 부모에게 받은 그 학대, 남편에게 받은 그 학대, 이것뿐으로도 넉넉히 이만 것은 알 것이 아니었는가? 아! 마침내 남자는 가정의 전제자에 지나지 못하였다.

생각하다가 순애는 벌떡 일어섰다. 그는 화가 너무 나서 앉아 있을 수가 없었다.

'자아 어떻든지 가자.'

순애는 일부러 P에게 보이려고 뜰에서 치마고름을 매고 집을 나섰다.

그의 가는 길은 아직 정하지는 안 했으되, 동창생이고 동무 과부인 혜감의 살림살이 집이다.

---

* 재간(才幹) 재주와 솜씨.

길모퉁이를 돌아설 때에 순애는,

"그러자!"

중얼거렸다.

그는 밤까지 안 돌아온다, P는 그 때야 정신을 차리고 누이를 찾으러 다니다가 혜감의 집에서 만난다, 순애는 그 P의 놀란 꼴이 보고 싶었다.

이 생각을 할 때는 순애는 이상하거니와, P에 대한 성은 어느덧 없어지고 오히려 흥미를 가지고 생각하였다.

'사람이 있다.'

그는 머리를 번쩍 들었다.

'낮이다. 그리고 거리다. 사람이 있다. 사람이 있다.'

순애는 갑자기 뜻 모르게 되었다.

'사람이 있다. 온다. 간다.'

역시 몰랐다.

'사람이 무엇이냐?'

또 몰랐다. 인생의 의의라는 큰 문제가 아니다. 말…… 명사인 사람이 무엇인지 순애는 모르게 되었다.

'사람이 있다. 전제자이다.'

한 분 반이면 넉넉히 갈 혜감의 집이 순애에게는 집을 떠난 때가 한 옛적같이 보였다.

"순애 언니, 어디 가오?"

하는 소리에 좀 가다가 순애는 머리를 들었다.

방금 어디 갔다 집으로 돌아오는 혜감이 자기 딸과 함께 혜감 자기의 집 앞에서 순애를 부른다. 순애는 싱겁게 씩 웃은 뒤에 말없이 그리로 갔다.

"들어갑시다."

혜감은 순애를 끌고 들어가서, 자기의 딸을 나가 있으란 뒤에 마주앉았다.

"또 무얼 다투었구려?"

앉으면서 혜감은 말하였다.

순애는 맥없이 잠깐 그를 보았다.

"인젠 좀 그만두어요. 무얼 만날 작은 사람과…… 우리두 늙은 사람은 아니지만."

혜감은 쾌활히 웃었다.

"글쎄 언니, 내 말 좀 들어 보오. 화 안 나겠나?"

"말해요."

"그 애가 사흘을 나가 잤구려."

"젊은 사람이 예사지. 그래 S씨는 안 그랬어요? 우리 집 영감두 그랬구."

"바보!"

순애는 속이 꿀떡꿀떡 하여졌다. 이런 바보에게 통사정하러 여기까지 온 바는 아니었건만, 너는 끝까지 넓은 바다에 뜬 조그만 배와 같이 외로이 지내지 않으면 안 된다. 네 사정을 들을 만한 사람은, 듣고 동정할 만한 사람은 이 세상에 하나도 없다. 네 속은 네 혼자서 썩일 것이지 아무에게도 말할 바가 아니다. 빨리 죽어서 썩어져라. 그러면 그 때에야 너는 처음으로 너와 남의 만족을 얻게 되리라. ……순애는 대답을 안 하고 가만히 섰다.

"그래서?"

혜감은 뒤를 재촉한다.

"말하기두 싫소."

"언니! 노했어요? 노하라구 그런 바는 아니오. 언니 그러지 말고 말씀하셔요. 그래서?"

"그래서 무얼 그랬지!"

순애는 성이 풀어지지 않은 소리로 대답하였다.

"그냥! 그러지 말고 이야기해요."

"말해야 그렇지. 그래 사흘이나 있다가 오늘이야 겨우 돌아왔겠지요. 그래서 좀 가서 말을 해 주었지요."

"듣나요?"

"글쎄 내 말을 들어요. 그러니까, 아, 그 애가 성을 내면서 자기 집에서 얻어먹구 있는 꼴이 그런다구 나가라는구려. 언니, 골 안 나겠소?"

순애는 잊었던 성이 다시 떠오르는 것을 깨달았다.

"지금 사람은 다 그렇다오."

"그저 전제자야요."

"무에?"

"사내가 말이야요, 저보다 약한 것을 억누릅니다그려."

순애는 자기의 왼손의 결혼 반지를 쓸면서 말했다.

"설마 다야 그렇겠소마는 —— 대개는."

"다 그러 ——."

말하다가 순애는 뚝 그쳤다. 그에게는 혜감의 남편이 생각났다.

"이 댁 같은 댁은 특별하지만……."

"언니, 말 마오. 다른 사람에겐 그래 보여두, 나 혼자 속썩일 때가 많았다오 ——."

"또 그런 소리를."

순애는 억지로 웃었다.

"참말로는 순애 언니가 부러워."

"내가? 날 부러워할려면 저 고양이를 부러워하오."

순애는 보이지도 않는 고양이를 가리켰다.

"그래두 한 번 가 보니깐, 아주…… 어찌 부러운지, 그 밤은 잠까지 못 잤지요."

"남 보기에야 그렇지. 글쎄 언니 들어 보오. 언니에겐 남은 재산이 있지요. 속상할 땐 위로받을 만한 자식이 있지요. 자식이 있으니까 장래 일을 생각할 때두 재미두 나겠지요. 부족이 무어예요."

순애는 눈물 소리로 말했다.

"그것뿐으로 넉넉한 줄 압니까?"

"그런데 날 보구려. 나는, 난…… 난……."

순애는 쓰러졌다.

"먹을 만한 재산이 있소? 자식이 있소? 월급이 백 원이로다 얼마이로다 하던 것도 두 해 전 옛적 일이구, 지금은 거러지야요. 그저 거러지야요. 그 수모를 받으면서 동생네 집에서 얻어먹구, 또 그러지 않을 수두 없구려. 언니 이 꼴을 용서하셔요. ……내가 그 애를 기른 생각을 하면…… 추우면 고뿔* 들릴세라, 어머님이 일찍 세상 없으셔서 내가 업어 길렀구려. 두 해 전에 집에 돌아와서두 그 지아버니나 답지 않게 길렀지요. 그런 애가…… 그 애가……."

"사내란 다 그렇지요."

"아버지두 잘못했지. 딸자식은 사람이 아니야요? 딸에겐 왜 재산을 조금이라도 안 남겨요? 이것저것 생각하면 골이 나서……. 언니……."

"왜 그래요?"

"난 오늘 밤에 죽을 테에요. 죽은 뒤에 불쌍하나 좀 여겨 주세요."

"에?"

"죽어요."

"언니두! 미쳤소?"

---

*고뿔 감기.

"미쳤지요. 미치지 않은 년이구야 그 수모를 받으면서 왜 아직껏 얻어먹구 있었겠소! 미쳤지요."

맑고 큰 혜감의 눈에서도 동정의 뜨거운 눈물이 방울방울 그가 쥐고 있던 어린애의 모자 위에 떨어진다.

"언니! 나하구 함께 있습시다. 오늘부터 형제가 되어 나하구 함께 있습시다. 허락하셔요."

순애는 아무 표정 없는 눈으로 잠깐 혜감을 쳐다보았다. 그는 전제자도 아니고 무정한 남편도 아니고, 또는 생각 없는 아버지도 아니고, 이것과는 완전히 다른 얼토당토 않은 '죽음' —— 이제 이야기하여 가는 가운데 쑥 나온 '죽음'을 재미있게 생각하였다.

순애가 혜감에게 '돌아가서 P를 감독하라.'는 말을 듣고 그의 집에서 나선 때는 서울 하늘은 저녁 내로 보얗게 되고, 내를 끼고 봄 하늘이 멀겋게 보이는 때이다.

순애는 자기 집에 이르러서 제일 먼저 아우의 방을 몰래 들여다보았다. P는 자리 속에 누워서 담배를 피우며 공기에 그림을 그리고 있었다. 얼굴에는 아까 다툼은 꿈에도 안 생각하는 듯이 혼자 무엇에 만족하여 벙글벙글 웃고 있다.

이런 때에 말하면, 효험이 있으리라, 아까같이 성은 안 내리라 생각하고 순애는 기침을 한 뒤에 문을 열었다.

P는 힐끗 머리를 돌려서 이 편을 본 뒤에 그가 순애인 것을 알고는 눈에 무한한 증오를 나타내었다.

"내 비녀가……."

하면서 순애는 한 번 둘러본 뒤에 빨리 문을 닫고 돌아섰다.

"무얼 하러 들어와요!"

토하는 듯한 이 소리가 순애를 따라온다.

'무얼 하러 들어와? 참, 무얼 하러 들어왔을까?'

순애는 동자*하는 것을 지휘하러 자기 방에 가서 옷을 바꾸어 입고 부엌으로 나왔다.

'누구 때문에?'

채소, 고기, 모든 찬이 맛있게 요리되되,

'이것은 누구 때문이냐, 누구를 위해서냐?'

순애는 아무 재미가 없었다. 자기가 손수 지휘하여 정성껏 모든 것을 맛있게 하되 누구를 위해서냐, 이것은 누가 먹을 것이냐? 순애는 남은 부스러기밖엔 아직 안 먹었다.

순애의 눈에서는 눈물이 하염없이 흘렀다. 할멈, 이렇게 하게, 저렇게 하게 하며 돌아가면서도 순애는 끝없는 눈물을 떨어뜨렸다…….

순애는 참다 못하여 방 안에 들어와서 치마를 쓰고 누웠다. 어찌할까? 이 수모를 받고는 있을 수가 없다. 어찌할까?

이리 생각하고 저리 생각하여야 이 집에서 떠나는 것밖에는 수가 없었다. 떠나면 P는 눈이 벌개서 찾으리라, 복수도 된다.

'떠나자!'

순애는 흥분하여 일어섰다. 갈 곳은 혜감의 집이다.

'너한테 끝없는 업신여김을 받는 너의 누이는 네 행복을 빌면서 정처 없이 떠난다.'

순애는 조그만 종이 조각에 떨리는 손으로 써서 보기 쉬운 곳에 놓은 뒤에 장품* 하나도 안 가지고 옷을 갈아 입었다.

그는 내일이나 모레 P에게 붙들리어서 다시 이 집으로 돌아올 작정이다.

옷을 갈아 입은 뒤에 순애는 다시 한 번 둘러보지 않을 수가 없었다. 의롱, 문갑, 둘러보다가 그는 문갑 위에 눈이 딱 붙었다. 거기는 푸른빛

＊동자 부엌일.
＊장품(贓品) 범죄 행위로 부당하게 얻은 타인 소유의 물건. 장물.

번쩍이는 칼이 하나 놓여 있었다.

그는 달음박질하여 가서 칼을 손에 쥐고 가슴으로 향하였다. 그 다음 순간, 자기 소리 같지 않은 이상한 소리가 짧게 날카롭게 방 안에 울리며 가슴에는 겨울 바람보다 찬바람이 지나간다.

온몸이 차차 작아지며 차지다가 한순간, 번쩍 한 뒤에 아직껏 보이던 벽이 없어지고 천장과 전등 줄이 이상하게 보인다.

'죽는다!'

순애는 갑자기 무서워져서 속으로 부르짖었다.

얼굴로 찬바람이 지나가고 앞이 답답하여지므로 순애는 그 편을 향하였다.

"누님! 이게 웬일이야요?"

거기는 P의 끝까지 놀란 만치 흐릿하니, 안개를 끼고 보는 것같이 보였다.

"우 —— 우 ——."

순애는 무슨 대답을 하려 했지만 대답 대신에 이 소리만 났다.

"왜 이랬어요. 누님, 정신차리세요."

"우 —— 우 ——."

"할멈! 의사 불러 오게, 빨리!"

하는 P의 소리가 한 백 리 밖에서 나는 것같이 흐리게 들렸다. 순애는 P를 보았다.

P의 놀란 낯 복판 가운데에는,

'누님, 웬일이오니까? 잘못하였습니다. 용서하셔요. 누님, 안심하여도 좋습니까?

하는 표정을 얻어 보았다.

순애는 P에게 안심하라고 말하려 하였지만,

"우 —— 우 ——."

이상으로는 못하였다. 마지막 경련이 일어날 때 순애는 눈을 또 뜨고 P를 본 뒤에 필사*의 힘으로 말했다.

"용 —— 우 —— 우 —— 우 —— 용서…… 우 —— 우, 용서 한다. 우 ——."

전제자의 얼굴에 이전에 아직 보지 못한 기쁨과 만족과 감사가 떠올랐다. 순애는 이 때에 처음으로 골육의 참 집착을 마음껏 깨달았다. 한 초 한 초 죽음에 가까이 가면서 순애는 참 마음껏 처음으로 삶에 대한 끝없는 집착을 깨달았다.

---

* 필사(必死) 죽음을 걸고 행함.

딸의 업을 이으려

— 어떤 부인 기자의 수기

그것은, 내가 ○○사에서 일을 볼 때의 일이니까 벌써 반 십 년을 지난 옛날 일이외다.

그 때 ○○사에 탐방 기자로 있던 나는, 봄도 다 가고 여름이라 하여도 좋을 어떤 더운 날, 사의 임무를 띠고 어떤 여자를 한 사람 방문하게 되었습니다. 기차로 동북쪽으로 서너 정거장 더 가서 내려서도 한 삼십 리나 걸어가야 할 이름도 없는 땅으로서, 본래는 회사에서도 그런 곳은 가 볼 필요도 없다고 거절할 것이지만, 그 전달에 내가 어떤 귀족 집안의 분규를(아직 신문사에서도 모르는 것을) 얻어 내어 잡지에 실어서, 그 때문에 잡지의 흥정이 괜찮았으므로 내 말을 거절치 못하고 허락하였습니다.

사건은, 그 때 신문사에도 특별 기사로 한 비극으로 몇 해를 연하여 발표된 유명한 사실인지라, 특별히 방문까지 안하더라도 넉넉한 일이지만, 그 때는 마침 다만 하루라도 교외의 시원한 공기를 마셔 보고 싶은 때에 겸하여 함흥까지 가는 친구를 전송할 겸 거기까지 가 보기로 한 것이었습니다.

(사실을 자백하자면 신문을 참조하여 가면서, 벌써 방문도 하기 전에 기사까지 모두 써 두었던 것으로서, 말하자면 이 '방문'이란 것은 무의미한 일이었습니다.)

함흥 가는 벗을 기차에서 작별하고 고요한 촌길에 나선 때는, 아직 아침 서늘한 바람이 부는 —— 오전 열 시쯤이었습니다.

삼십 리라는 길이 이렇게도 먼지, 사실 이리 엉키고 저리 엉킨 전차망 가운데서 길러난 '도회 사람'이란 것은 길 걷는 데 나서면 무능자였습니다. 발이 아프고 다리가 저리고 눈이 저절로 감기고……. 극단으로 말하자면 나는 구두를 발명한 사람을 몇백 번 저주하였는지 모르겠습니다. 그리하여 오후 두 시쯤에야 겨우 그 집에 이르렀습니다. 그 집이라 하는 것은 모양으로 산이 둘러막힌 구석에 홀로 서 있는 집으로서, 앞에는 밤나무와 수양버들과 샘개울이 흐르고, 뒤로는 산을 끼고 역시 밤나무와 포도넝쿨이 무성히 얽히어 있는 외따른 조그만 기와집이었습니다. 초라하나마 대문도 달리고 흙담도 있기는 하지만, 모두가 썩어지고 무너져 가는, 일견 빈집같이 보이는 쓸쓸한 집이었습니다.

쓸쓸히 닫혀 있는 대문을 열고 들어서매, 이 집에 조화되지 않는 화려한 화단이 뜰 안을 장식하였고, 그 화단에서 꽃을 가꾸고 있던 허연 노인이 나를 쳐다보았습니다.

"이 댁이 최봉선 씨 댁이오니까?"

이렇게 묻는 나의 쾌활한 소리에 노인은 의아하다는 듯이 그저 보고만 있다가,

"어디서 오셨소?"

하고 묻습니다. 나는 얼결에 서울서 왔노랄까, 잡지사에서 왔노랄까 주저하고 있을 때에, 어두컴컴한 건넌방에 느리운 발이 걷어지며 젊은 여인의 소리가 들려옵니다.——

"누구를 찾으세요?"

"최봉선 씨네 댁이 여긴가요?"

"어——서 오셨어요?"

"서울……."

으로 끝을 낼까, 어떤 잡지사라고까지 할까 하는 동안에 방 안에 있던 여인이 문 밖으로 나왔습니다.

"경애 씨 아니세요?"

뜻밖이었습니다. 나는 여기서 내 이름을 아는 사람이 나설 줄은 뜻도 안하였습니다. 그래서 놀란 마음과 놀란 눈을 그리로 향할 때에, 나는 거기서 나의 소학과 중학의 동창생이었고 같은 해에 ××여중학교를 졸업한 최화순을 발견했습니다. 졸업생들의 자축*회를 끝낸 뒤에,

"또 보자."

의 한 마디를 최후로, 그 이래 칠 년을 만나지 못하였던 화순을 보았습니다.

조선 명문의 출생인 그는, 그 뒤에 역시 어떤 명문에 시집을 갔다는 풍문은 들었습니다. 그러나 내 밥벌이에 분주한 나는 그 뒤의 그의 거처를 알아보려고도 안 하였습니다. 이래 칠 년, 서로 종적*을 모르던 두 사람이 뜻밖에 여기서 만나게 된 것이었습니다.

"오, 화순, 웬일이에요?"

"들어와요. 어떻게 예까지 찾아왔에요?"

순간에 나는 모든 일을 다 알아채었습니다.

내가 잡지사의 일로 찾아보려는 최봉선이는, 즉 나의 동창생이고 나의 친구인 최화순 그 사람이었습니다. '봉선'은 '화순'의 아명*이었고

＊ **자축**(自祝) 제 일을 스스로 축하하는 것.

＊ **종적**(縱迹) 사라지고 며칠 뒤에 남아 있는 자취.

＊ **아명**(兒名) 아이 때의 이름.

민적*의 이름이었습니다. 사실 의외로다, 나는 이렇게 생각하면서 그의 방에 들어갔습니다.

내가 신문에 발표된 사실을 읽고도 아직 '봉선' 을 '화순' 으로는 뜻도 않았던 것이 오히려 이상한 일이었습니다. ××여중학교의 졸업생, 최 판서의 딸, 미인, 이만큼이나 신문지가 가르쳐 주었는데도 봉선이를 즉 화순인 줄 몰랐던 것은 오히려 웬일이었을까? 더구나 그의 아명이 봉선 인 줄까지 알던 내가…….

아니, 거기 대하여서도 상당히 변명할 여지가 있었습니다.

신문지상에 발표된 사실은 너무도 엄청나기 때문이었습니다. 내가 잘 아는 최화순이와 신문지상에 나타난 최봉선이의 사이에는 너무 간 격이 있었기 때문이었습니다. 나의 친구 화순의 행동으로는 도저히 믿 을 수 없는 일이 신문에 발표되었기 때문이었습니다.

"참, 오래간만이구료."

"몇 해 만이오?"

"칠 년? 팔 년?"

"아마, 그렇겐 넉넉히 될걸."

이러한 인사가 서로 사귀어진 뒤에는, 우리의 새에는 지나간 옛날의 학창 시대의 추억담에 꽃이 피었습니다. 꿈과 같은 지나간 해의 이야기 에…….

그러나 우리들의 이야기는 그 범위에서는 한 걸음도 벗어나지 않았 습니다. 나도 또한 물어 보려 하지도 않았습니다.

왜? 이렇게 물으실 분이 계시겠지요. 내가 여기까지 온 목적이 무엇 이외까. 봉선이를 만나서, 그의 이즈음의 생활이며 또는 세상을 한동안 떠들게 한 그의 시집살이의 말로며를 물어 보아 가지고 그것을 잡지에

---

* 민적(民籍) 그 나라 백성으로서의 호적.

게재하려던 것이 나의 목적이 아닙니까? 멀리 발이 부르트면서 여기까지 온 것은, 봉선이의 이즈음의 살림을 들으려 한 것이 아닙니까? 그런 내가 왜 그에게 이즈음의 살림을 물어 보려도 안 합니까?

그렇습니다. 나는 그에게 그것을 차마 물을 수가 없었습니다. '봉선' 이가 '화순' 이와 같은 사람이라는 것을 안 순간, 나는 신문지상에 게재된 그의 소위 사실이라는 것이 모두 엉뚱한 오해인 줄을 알았습니다. 거기는 무슨 커다란 착오가 있는 것을 짐작하였습니다. 적어도 무슨 무서운 트릭*이 있는 것을 짐작하였습니다.

간통? 화순이와 같이 이지의 밝은 여인이 과연 그런 행동을 할 수가 있겠습니까. 정열적인 사람이면 모르겠거니와, 이지의 덩어리와 같은 화순에게는, 절대로 그런 행동은 없으리라고 믿습니다. 더구나 추상과 같은 엄한 규율 아래서 길러나고 추상과 같은 엄한 집안에 시집간 그로서 그런 행동을 하였다고는, 화순을 아는 사람에게는 도저히 믿기지 않는 말이외다.

신문 기사에 의하건대, 그는 그런 누명을 쓰고 시집을 쫓겨올 때에도, 한 마디의 변명도 안 하였다 합니다. 그리고 그에게 대한 사회의 오해는 이 '침묵' 에서 나왔습니다. 그러나 이 '침묵' 도 그의 성격에서 짜낸 것으로서, 인종*이라 하는 것을 인생 최대의 덕이라는 가정 교육 아래서 길러난 그인지라 온갖 트릭을 무서운 참을성으로 참아 왔을 것이외다. 모든 것은 내가 불초*인 까닭이다, 이러한 문제가 일어난 것도 내가 불초인 까닭이다, 이러한 인종적 태도로서 그는 아직껏 참아 왔을 것이외다. 그의 초췌한 얼굴은 그가 얼마나 분하고 억울한 것을 참아 왔는지를 증명합니다. 온갖 사정을 서로 통할 만한 벗에게도 불평 한

＊ 인종(忍從) 묵묵히 참고 좇는 것.
＊ 트릭(trick) 속임수.
＊ 불초(不肖) 사람의 됨됨이가 못남.

마디를 사뢰지 않은 그외다.

　나는 그의 얼굴을 보았습니다. 이지와 온순으로 아름답게 조화된 그의 얼굴은, 몇 해 동안의 인종적 생활에 무섭게도 여위었습니다.

　그러한 그에게 이즈음의 그의 생활 혹은 당한 일을 물으면 무얼 합니까? 그는 다만 쓸쓸한 미소로써 대답을 대신삼을 뿐이겠습니다. 그리고는,

　"모두 내가 못난 까닭이지."

하고는 한숨을 내어쉴 따름이겠습니다.

　"화순, 지난 일은 다 꿈 같지?"

　한 토막의 추억담이 끝이 난 뒤에, 나는 이렇게 그에게 말하였습니다.

　"참, 꿈이야!"

　"다시 한 번 그런 때를 만나 보고 싶지 않어?"

　"글쎄…… 왜 그런지 되려 난 하루바삐 늙어 죽고 싶어."

　그는 한숨을 지으면서 이렇게 대답하였습니다.

　왜, 라고 물으려던 나는 입을 닫고 말았습니다. 이야기가 이렇게 되어 나아가면 저절로 그의 이즈음의 생활에까지 말이 미치겠습니다. 그로서도 그것을 이야기하는 것은 재미없지만 나도 또한 그 이야기가 듣기가 싫었습니다. 아니, 오히려 무서웠습니다. 그래서 나는 서울로 돌아가도 절대로 이 문제는 다치지 않으려 작정하였습니다.

　저녁때, 행랑 사람이며 심부름하는 사람이 없는 그는, 손수 저녁을 지으러 부엌에 나갔습니다. 그 기회를 타서, 나는 그의 사건이 게재된 신문들을 백에서 꺼내어 가지고 집 뒤 언덕으로 올라갔답니다. 그리하여 내려다보이는 초라한 뜰에, 바가지며 쌀을 들고 들락날락하는 그를 간간 내려다보면서 신문을 폈습니다.

　'귀족 집안의 추문.'

'미인의 말로.'

'세 겹 대문 안의 비밀.'

이러한 엉뚱한 제목 아래 그의 사건은 소설화하여, 특별 기사로 세 회를 연하여 게재되었습니다.

그 기사에 의지하면…….

봉선이는 재산과 명예를 겸비한 최 판서의 외딸로서, 일찍이 어머니는 여의었으나 아버지의 사랑 아래 길러난 어여쁜 처녀였었다. 그러나 온갖 영화는 한때의 꿈이라, 그 집의 재산도 아버지가 어떤 광업에 손을 대기 시작한 때부터 차차 기울어지기 시작하여, 그가 ×× 여중학교를 졸업한 열여덟 살 적에 재산보다는 오히려 빚이 많아지게까지 되었다.

그러는 동안에, 그가 스무 살 나는 해에 그는 그의 아버지 판서 시대에 같이 판서로 있던 M가에 시집을 가게 되었다. 이리하여 들에서 자유로이 놀던 아름다운 새 한 마리는 세 겹 대문 안에 깊이 감추인 '조롱 속의 새'가 되었다.

일 년은 무사히 지났다. 이 년도 무사히 지났다. 삼 년, 사 년까지도 무사히 지났다. 그러나 한때 들의 넓음과 자유로움을 맛본 '새'는 조롱 속에서 끝끝내 참을 수가 없었다. 조롱 속에서 벗어나지는 못한다 할 망정, 적어도 조롱 속에서라도 어떤 위안을 구하지 않을 수가 없었다.

더구나 M가의 호협*한 기풍을 타고난 그의 남편은 밤낮 요릿집과 기생집에만 묻혀 있고 집안에는 돌아오지를 않으매, 한창 젊은 나이의 봉선은, 어떻게든 자기의 위안을 찾지 않을 수가 없었다.

---

* 호협(豪俠) 호방하고 의협심이 있음.

그러면 어떻게? 몸은 세 겹 대문 안에 갇히어서 자유로이 나다닐 길이 바이 없으니, 그는 자기의 위안을 어떤 곳에서 찾을꼬?

금년 정월 초승께다. 달도 없는 침침한 깊은 밤, 혼자 있어야 할 며느리(봉선)의 방에서 뛰쳐나온 한 괴한이 있었다. 명예와 가문을 존중히 여기는 집안인지라, 이 때의 일은 그다지 문제가 커지지 않고, 스러지고 말았다. M판서의 사랑채까지도 이 소문은 안 나고 말았다. 또 석 달은 지났다.

봉선의 남편 되는 사람은, 어떤 혼이 들었는지 만 삼 년 반 만에 봉선의 방에 들어왔다. 밤은 깊어 고요한 삼경에, 그는 문득 웃목의 인기척에 펄떡 잠을 깨었다.

"거 누구냐?"

한 마디뿐, 웃목의 괴한은 문을 박차고 달아났다.

문제는 이에 다시 커졌다. 잠시 꺼지려던 불은 다시 일어섰다.

분규의 분규, 한 달 동안을 위아래 어지럽게 지낸 M집안은, 오월 초승께야 겨우 문제가 낙착되었다. 그리고 결과로서는 봉선은 자기 친정에 돌아가지 않으면 안 되게 되었다.

그러나 이 때에는 벌써 최 판서는 온갖 제 재산을 채권자에게 내어 맡기고 자기는 ××군 ××산 아래에 있는 산장으로 홀로 가서 늙은 몸을 외롭게 지내는 때였었다. 봉선의 갈 곳은 거기밖에는 없었다.

봉선은 그리로 갔다.

머리를 수그리고, 외로이 있는 자기 아버지께로 돌아간 아름다운 새 한 마리. 역시 머리를 수그리고 이를 맞아들인 늙은 명문. 이 두 배우의 장래의 연출하려는 비극은 어떠할까? 우리는 괄목하고 그를 기다리자.

—— 신문 기자 특유의 과장적 동정의 태도로 신문지상에 나타난

그의 사건은 대략 이러하였습니다.

저녁때부터 흐려 오던 일기는 밤에는 보스럭비를 내리기 시작하였습니다. 외로운 산촌의 빗소리를 들으면서, 봉선이와 나란히 하여 들어간 나는, 곤함에 못 이겨서 어느덧 잠이 들었습니다. 그러나 웬일인지 깊이 잠들지 못하였던 나는 새벽 두 시쯤하여 문득 깨었습니다. 깨면서 보슬보슬 내붓는 빗소리에 섞여서, 나는 젊은 여인의 느껴서 우는 소리를 들었습니다. 펄떡 정신을 차리며 화순의 자리를 만져 보니 거기는 빈 자리뿐이 남아 있었습니다. 가만히 발을 들고 내다보매, 화순이는 토방에 놓인 쌀자루에 기대어 엎드려서 울고 있었습니다. 외딴 산촌의 빗소리에 섞여서 간간 그의 흑흑 느끼는 소리가 소름이 끼치도록 적적히 들립니다.

나는 발소리 안 나게 나가서, 그의 뒤로 가서 그의 어깨에 손을 얹었습니다. 그는 한순간 펄떡 놀랐지만 울음을 뚝 그쳤습니다. 그러나 격렬히 떨리는 그의 어깨는, 그가 얼마나 힘있게 울음을 참고 있는지를 증명합니다.

"자, 화순 들어가요."

"경애 먼저 들어가요. 곧 들어갈게……."

"그러지 말구, 자 들어가요."

나는 그를 옆에 끼다시피 하여 들어왔습니다.

"화순, 나도 신문에서 보고 다 짐작했어. 얼마나 분했겠소? 그러나 잘 참았어. 용하도록 참았어."

이전 학생 시대에, 이백여 명 생도가 교장에게 꾸지람을 듣고 울 때에, 혼자서 눈이 말똥말똥 교장을 흘겨보고 있던 그였습니다.

"제삼자인 내가 보아도 분한 것을 잘 참았어. 그래도 그 때 왜 변명을 안 했소?"

"변명? 그런 일을 꾸며 낸 사람에게 변명을 하면 무얼 합니까?"

"그것도 그렇긴 하지만……. 여하튼 대체 그 때 일이 어떻게 되었소? 나도 신문에서만 보고 그렇진 않으리라고 짐작했지만, 한 번 자세히 화순의 입으로 이야기해 주어요. 나는 지금 어떤 잡지사에서 일을 보고 있는데, 다시 한 번 문제를 일으켜서, 그런 고약한 사람 ──."

"그만두어요. 세상이 다 잊으려 할 때, 다시 그런 일을 떠들쳐 내면 무얼 합니까? 한 달만 지나면 세상이 다 잊어버릴 일을 ──."

"그래도 분하지 않아요?"

잠깐 그치려던 그의 울음은 다시 폭발되었습니다.

"자, 그러지 말고 그 이야길 한 번 자세히 해 봐요."

잠깐 침묵이 계속되었습니다.

"아직 아버님께두 말씀 안 드렸지만 죽기 전에 언제든 할 말을 ──
자, 경애 들어 봐요."

그의 남편 P는 화순과의 결혼이 재혼이었습니다. 전 마누라를 무식하다는 핑계로 쫓아 버리고 그 뒤에 얻은 화순인지라, 처음에는 의가 썩 좋았습니다. 신문지가 몇 번을 거퍼서 부른 '세 겹 대문' 안에도 향기가 있고 사랑이 있었습니다.

그러나 유전적으로 방탕함을 타고난 P는, 한 일 년 뒤에는 마침내 방탕한 놀이를 시작하였습니다. 그리하여 방탕에 재미를 본 P는, 방탕을 시작한 지 반 년쯤 뒤에는, 안방에는 얼씬을 안 하게까지 심하게 되었습니다. 잠깐 안사랑에서 점심을 먹고는 다시 뛰쳐나가서는, 이튿날에야 또 들어와서 점심을 먹고, 이리하여 화순과는 대면할 기회조차 없었습니다.

그러나 화순은 아무 말도 안 하였습니다.

"그 지아비에게 거역하지 마라."

이러한 말을 몇천 번이나 아버지에게 들은 그는 절대로 침묵하였습니다.

"이것도 역시 처도겠지 ──. 이렇게 마음먹고 억지로 화평한 낯을 하고 있었어요."

그는 이렇게 말하였습니다. 그러나 어떤 날 그의 시어머니가 그를 불러 가지고, 아들의 방탕을 좀 말리라고 명하였습니다. 그 말을 듣고 그날 밤, 그는 밤새도록 생각하였습니다.

'시기는 여인 최대의 죄악이라.'

이러한 교훈을 아버지께 받은 그로서는, 남편의 방탕을 책할 용기가 없었습니다. 그러나,

'시부모의 말을 거역하지 마라.'

한 아버지의 교훈도 또한 잊지 않은 바였습니다. 그리하여 밤새도록 생각한 결과, 자기는 '시기 많은 여편네'로 보일지라도 시어머니의 말을 복종하여 남편을 책하는 것이, M가의 며느리로서의(집안을 생각하고 시어머니의 명령에 복종하는) 가장 정당한 일이라 결심하였습니다.

그리하여 안방에는 들어오지 않으므로 만날 기회도 없는 P를 어떻게 만나서 권고를 하였습니다. 이것을 힐끗 본 P는 그 달음으로써 나가서 열흘 동안을 집에 돌아오지 않았습니다.

집안 청지기며 남복여비가 모두 나서서 그를 어떤 기생집 아랫목에서 찾아온 때는, 그는 갑자기 화순이와의 이혼 문제를 끄집어 내었습니다. 그리고 핑계는, 시기 많은 여편네는 가풍에 맞지 않는다 하는 것이었습니다.

그 이튿날 화순이는 시아버지에게 불리어서 한 시간 이상을 시기라는 데 대한 강설을 들었습니다. 자기는 결코 시기로서 그런 것이 아니라, 시어머니의 명령으로 그랬노라고 대답은 하고 싶었으나, 이러한 일로 조금이라도 집안의 분규가 일어나면 그 책임자는 자기인지라, 그는

다만 이후에는 다시 그러지 않겠습니다고 사과를 하고 나왔습니다.

그러나 며칠 지난 뒤부터 시어머니의 눈이 괴상히 빛나기 시작하였습니다. 시어머니도 웬일인지 며느리를 미워하게 되었습니다.

다만 한 사람 믿고 온 남편과, 집안의 모든 일을 다스릴 시어머니에게 밉게 보인 그는, 그래도 모든 일을 모른 체하고 온순과 인종을 푯대 삼고 나아갔습니다. 그저 참자. 이것이 처도이고 부도이고 동시에 여도이겠지. 이러한 신념으로 그는 모든 일을 참았습니다. 트집 잡힐 일만 없으면 그뿐이 아니냐, 이러한 마음으로 모든 일을 웃는 낯으로 지내왔습니다.

이리하여 일 년이라는 날짜가 지났습니다. 어떤 추운 겨울날, 삼월이라는 종과 둘이서 자고 있던 그는, 문득 인기척에 펄떡 깨었습니다.

"누구냐?"

이 한 마디에 어떤 괴한이 웃간으로 뛰쳐나갔습니다. 그는 곧 삼월이를 깨워 가지고 나가 보았지만 아무도 없었습니다.

그리고 이 일은 아무도 알 사람이 없었을 터인데, 이튿날 저녁에 삼월이가 들어와서 하는 말에 의지하건대, 어젯밤의 일이 벌써 뭇 종년놈들에게 소문이 퍼졌으며, 그 말의 근원은 노마님인 듯싶다는 것이었습니다.

화순은 모든 일을 다 직감하였습니다. 아무리 찾으려 하여도 화순에게서 트집을 찾아 내지 못한 시어머니(혹은 남편)는 화순에게 누명을 씌워서 그것을 트집삼으려 한 것이었습니다.

그러나 괴한이 뛰쳐나가는 것을 직접으로 본 사람은 하나도 없는지라, 이 문제는 이삼 일 뒤에는 삭아지고 말았습니다.

또 석 달은 지났습니다. 아직껏 사 년 동안을 얼씬도 안 하던 그의 남편이 사 년 만에 그의 방에 들어왔습니다.

그 날 밤, 이상한 흥분으로 깊이 잠이 못 들었던 그는, 또 웃목의 사람기에 놀래어 깨었습니다.

웃목에는 확실히 어떠한 '사람'이 있었습니다. 그 사람은 잠 깨기를 재촉하는 듯이 헛기침을 컥컥 했습니다.

화순은 몸을 와들와들 떨었습니다. 무서운 트릭이었습니다. 먼젓번에는 확증이 없기 때문에 실패에 돌아간 그들의 계획은, 다시 증인 입회하에서 실행된 셈이었습니다.

남편은 곤한 잠에서 깨는 듯이 눈을 떴습니다.

그 뒤의 일은 간단하외다. 어지러운 문제가 일어나고 그 결과로는 화순은 더러운 이름 아래 친정으로 쫓겨가고⋯⋯.

그 이튿날 ──

"간간 편지해요."

하는 말과 적적한 웃음으로의 화순의 전송을 받고 서울로 올라온 나는, 얼마 동안 사의 일로 분주히 왔다갔다하느라고 화순의 일을 생각할 틈이 적었습니다. 그리하여 반 년이 지난 뒤에 뜻밖에 화순의 부고를 받았습니다. 깜짝 놀라서 사에는 이삼 일 여행을 간다고 전화를 한 뒤에 기차로 화순의 집에 달려갔습니다.

조선 가장 명문의 전형인 허연 수염과, 싯누런 살빛과 곧은 콧날을 가진 화순의 아버지는 마루에 걸터앉아서 정신없이 뜰만 바라보고 있다가, 내가 곁에까지 간 때야 처음으로 머리를 들었습니다.

"선생이 박경애 씨요?"

그는 느릿느릿한 말소리로 묻습니다.

"네."

"늦었소. 오늘 아침 장례를 지냈소."

"한데, 웬일이에요? 참⋯⋯."

그는 천천히 일어서서 안방에 들어가서, 무슨 편지를 하나 내어다 내게 줍니다. 그것은 내게의 화순의 편지였습니다.

"그저께 밤이오. 나도 늙은 몸이라 잠이 늦은데, 이즈음 만날 잠을 못 들어서 애를 쓰는 그 애네 방에서 그 날 밤은 기침 소리 한 마디 없지 않겠소? 하 이상해서 건너가 보았구료. 그 방엔 아무도 없어. 그래서 성냥을 켜 가지고 보니깐 편지 두 장이 있습디다. 한 장은 내게 한 게고, 한 장은 선생께…… . 그 편지를 보니깐 중이 되려 떠나노라고 그랬겠지요. 나도 늙은 몸이 외롭긴 외롭소. 그러나 젊은 청춘에 만날 잠도 못 자고, 밤중에 간간 소리를 내어서까지 울던 그 애의 처지를 생각하면, 이제 몇 해를 더 못 살 나는 외롭든 어떻든, 중이라도 되어서 자기 마음이라도 편안해지면 오죽 다행이 아니오? 그래서 내버려 두었구려. 그랬더니 이튿날 아침, 촌사람들이 그 애 시체를 앞 개울에서 건져 왔소."

이것이 외로운 노인의 한숨과 함께 하소연한 화순의 최후였습니다.

"선생, 선생은 양친 다 생존해 계시우?"

"불행히 일찍이 여의었습니다."

"불행히?"

그는 허연 수염을 쓰다듬으면서 한숨을 지었습니다.

"선생께는 불행일지 모르나, 다 늙은 뒤에 자식을 잃는다는 것도…… ."

그 날 밤, 나는 화순의 이전 거처하던 건넌방에서 묵었습니다.

밤이 깊어서 잠깐 깨니 뜰에 사람의 걷는 소리가 나기에 내어다보매, 달빛이 밝게 비치는 가운데 서리맞아서 시들어진 화단을 두고 노인은 뒷짐을 지고 거닐고 있었습니다. 달빛 때문에 은빛으로 빛나는 수염을 가을 바람에 휘날리면서.

새벽에 다시 깨어 보니, 그는 그냥 거기를 거닐고 있었습니다. 무서운 기침 소리가 간간 들립니다.

이튿날 저녁, 서울로 돌아올 때에 그는 전송으로 십 리나 따라나왔습니다.

"들어가세요."

하면 그는,

"무얼, 집에 돌아가야 일도 없는 사람이오."

하면서 그저 따라왔습니다. 그러나 나는 그 말의 반면이,

'집에 돌아가야 기다릴 봉선이도 이젠 없소.'

라는 것같이 들려서 처량하기 짝이 없었습니다.

긴 언덕 하나를 올라와서 그 마루에서야 그는 떨어졌습니다.

"안녕히 가시오."

"그럼, 인전 돌아가십시오."

이러한 인사로 작별하고, 나는 그 긴 언덕을 다 내려와서 돌아다보았습니다. 그는 그냥 그 언덕마루에 서서, 이마에 손을 대고 한없이 서편 쪽을 바라보고 있었습니다.

한참 더 오다 돌아보매, 그냥 벌개 가는 서편 하늘에 그의 그림자가 조그맣게 보입니다. 그가 이마에 손을 대고 돌아보는 쪽에는, 그의 가장 사랑하는 딸이 묻혀 있는 묘지가 있습니다.

서울로 돌아와서, 여전히 잡지사의 일을 보던 나는, 그 해도 다 가고 새해가 된 정월 그믐께 뜻밖의 사람의 방문을 받았습니다. 그것은 화순의 아버지 최 판서였습니다.

그는 들어와 앉아서도 아무 말도 없었습니다. 이리한 십 분 동안이나 아무 말도 없이 앉았던 그는 머리를 들었습니다.

"나는 떠나오."

나는 그 말이 무슨 말인지 몰라서, 다만 그를 쳐다보았습니다.

"나는 떠나오."

"어디로 말씀이외까?"

"봉선이가 되려다 못 된 중을, 내가 되려구 떠나오."

그 뒤에는 또 침묵…….

전등이 켜졌습니다. 동시에 그는 얼른 손수건으로 눈물을 씻었습니다.

"참 늙으면 할 수가 없어. 조금만 추워도 눈물이 나구. 허허허허…….''

그는 적적히 웃었습니다. 그러나 그것은 엉뚱한 거짓말이었습니다. 몹시 추위를 타는 나는 방을 여간 덥게 안 하매, 추워서 눈물이 난다는 것은 거짓말로서 그의 눈물은 딴 의미의 눈물일 것이었습니다.

좀 있다가 그는 일어서며,

"인연 있으면 다시 만납시다."

하고는 초연히 가 버렸습니다.

그 때부터 반 십 년, 그의 소식은 없어지고 말았습니다.

뒤에서 오는 사람의 말을 들으면, 그는 혁명당의 괴수가 되어 있단 말이 있습니다. 지금 세상에서 떠드는 ××단 수령이 그라 합니다.

어떤 사람의 말을 들으면, 구월산에서 최 판서와 흡사한 중을 보았다 합니다. 그러나 어느 말을 믿어야 할지 그것은 알 수 없는 일이외다. 나는 이러한 소문을 들을 때마다,

"늙으면 할 수가 없어. 허허허허…….''

하면서 눈물을 씻던 그를 생각합니다. 그리고 그럴 때마다 내 눈에서도 눈물이 나오려 합니다.

그는 과연 살아 있나? 살아 있어서 어떤 사람의 말과 같이 중이 되었나? 혹은 만주의 넓은 벌에서 혁명당의 수령으로서 활동을 하고 있나?

"인연 있으면 다시 만납시다."

하던 그의 마지막 말은, 쟁쟁히 내 귀에 남아서 떠나지를 않습니다.

명문

전 주사는 대단한 예수교인이었습니다.

양반이요, 부자요, 완고한 자기 아버지의 집안에서, 열여덟까지 공자와 맹자의 도를 배우다가, 우연히 어느 날 예배당이라는 데 가서 강도하는 것을 듣고, 문뜩 아직껏 자기네의 삶의 이상이라는 것을 모르고, 장래라는 것을 무시한 데 놀라, 그 날부터 대단한 예수교인이 되었습니다. 그는, 예수를 믿으면서 맨 처음 일로 제 아내를 예수교인이 되게 하였습니다. 동시에 단지 '여편네'이던 그의 아내는 '당신'이요, '마누라'요, '그대'인 아내로 등급이 올랐습니다.

그는 머리를 깎아 버렸습니다. 그리고 제 아버지와 어머니에게까지 예수교를 전하여 보려 하였습니다.

"네나 천당엘 가라."

어머니의 대답은 이것이었습니다.

"천당? 사시에 꽃이 피어? 참, 식물원에는 겨울에도 꽃이 피더라, 천당까지 안 가도…… 혼백이 죽지 않고 천당엘? 흥, 이야긴 좋다. 네,

내 말을 잘 들어라. 사람이 죽는다는 것은 혼백이 죽느니라. 몸집은 그냥 남아 있고…… 몸집이 죽는 게 아니라 혼백이 죽어. 혼백이 천당엘 가? 바보의 소리다, 바보의 소리야. 하하하."

아버지는 비웃는 듯이 이렇게 대답하여 오다가 갑자기 고함을 쳤습니다.

"이 자식! 양반의 집안에서 예수? 중놈같이 대가리를 깎고. 다시 내 앞에서 그 소릴 했다는, 목을 자르리라."

전 주사는 아버지와 아버지의 혼을 위하여 기도하면서 자기 방으로 돌아왔습니다.

평화롭고 점잖고 엄숙하던 이 집안에는, 예수교가 뛰쳐들어오자부터 온갖 파란이 일어났습니다.

"나는 너희에게 평화를 주려고 온 것이 아니라, 오히려 분쟁을 일으키려 왔느니라."

고 한 예수의 말은, 그대로 이 집안에서 실현되었습니다. 칠역* 가운데 드는 무서운 죄악을 전 주사는 매일같이 범하였습니다.

미신이라는 것을 한 죄악으로까지 보던 아버지는 전 주사가 예수교를 믿기 시작한 뒤부터는 아들을 비웃느라고, 매일 무당과 판수*를 집안에 불러들여서, 집안을 요란케 하였습니다.

"우리 자식놈의 예수와 내 인복 대감과 씨름을 붙여 놓아라."

이러한 우렁찬 아버지의 웃음소리가 때때로 안방에까지 들리도록 울리었습니다. 그럴 때마다 착하고 효성 있는 전 주사는 눈물을 흘리면서 골방에 들어가서 아버지를 위하여 기도드렸습니다. 이 무섭고 엄한 집안에 들어온 예수교는 집안이 집안인지라 가지는 널리 못 퍼졌지만, 그

＊칠역(七逆) 칠역죄. 불교 용어로, 오역죄에 계화상을 죽이는 악행, 곧 살화상과, 시승을 죽이는 악행, 곧 살아사리를 추가한 죄.
＊판수　점치는 일을 직업으로 삼는 소경.

러나 뿌리는 깊이 뻗쳤습니다. 온갖 장해와 박해 아래서도 전 주사 내외의 마음 속에는 더욱 굳건히 그 뿌리가 들어박혔습니다.

"하늘에 계신 아버지여, 이 제 육신의 아버지의 죄를 용서하여 주십시오. 그는 착한 이외다. 남에게 거리끼는 일은 하나도 안 하는 사람이외다. 다만 한 가지, 그는 전지 전능하신 당신의 선지식을 모르는 것뿐이 그의 죄악이라면 죄악이겠습니다. 딴 우상을 섬기는 것이, 당신께는 가장 큰 죄악이겠지만, 이 육신의 아버님이 딴 우상을 섬기는 것은, 결코 자기의 마음에서가 아니라, 다만 이 저를 비웃느라고 하는 일에 지나지 못합니다. 그의 그 죄를 용서하여 주십시오."

그는 흔히 이런 기도를 골방에서 드렸습니다.

어떤 날, 이 날도 그는 이러한 기도를 드리고 골방에서 나오노라니까 (아직 며느리의 방에는 들어와 보지도 못한) 그 아버지가 골방 문 밖에 서 있었습니다. 전 주사는 아버지의 위엄 있는 얼굴에 놀라서 그만 그 자리에 굴복하고 앉고 말았습니다.

"얘, 고맙다. 하느님한테 내 죄를 용서하라고? 이 전 판서는 자기 철이 든 이래 죄라고는 하나도 범하지 않은 사람이다. 내 죄를? 이 자식! 네 아비의 죄가 대체 무엇이냐? 대답해라."

전 주사는 겨우 머리를 조금 들었습니다.

"아버님, 말씀드리겠습니다. 아까 하느님께도 기도 올렸거니와, 아버님은 다른 잘못이란 없는 분이지만 하느님 밖에 다른 신을 섬기시는 것이 가장 큰 죄악의 하나올시다."

"하하하하, 너의 하느님도 질투는 꽤 세다. 얘, 내 말을 명심해서 들어라. 이 전 판서는 다른 죄악보다도 질투라는 것을 가장 미워한다. 너도 알다시피 아직껏 첩을 안 두는 것만 보아도 여편네들의 질투를 얼마나 싫어하는지 알겠지? 나는 질투 심한 너의 하느님을 섬길 수가 없다. 하하하하, 너의 하느님도 여편넨가 보구나."

아버지는 별한 찢어지는 소리로 웃은 뒤에 문 밖으로 나가 버렸습니다.

전 판서의 아들 전 주사는, 예수를 믿는 '죄' 때문에 얼마 뒤에 그만 아버지의 집에서 쫓겨났습니다. 그가 쫓겨나올 때, 어머니는 몰래 그의 손에 얼마의 돈을 쥐어 주었습니다.

그는 아버지의 집에서 쫓겨 나오면서도 결코 아버지를 원망치는 않고, 오히려 아버지의 하느님을 저어하지* 않는 태도 때문에 눈물을 흘렸습니다. 그는 조그만 가게를 하나 세내어 장사를 시작하였습니다. 예수에게 진실하고 열심인 만큼, 그는 장사에도 또한 열심이고 정직하였습니다. 이 세상에 덕이 셋이 있으니, 첫째는 예수 믿는 것이요, 둘째는 정직함이요, 셋째는 겸손한 것이라는 것이, 전 주사의 머리에 깊이 박혀 있는 신념이었습니다. 그는 온갖 일을 이 '덕' 이라는 안경으로 비추어 보면서 행하였습니다. 그는 예수의 탄생 전에 세상을 떠난 공자와 맹자를 위해서까지 기도를 드렸습니다.

정직함과 겸손함을 푯대삼는 그의 장사는 날로 흥하였습니다. 아래로는 어린애의 코묻은 오 푼짜리 동전으로, 위로는 오 원, 십 원짜리의 지폐가 그의 집에 들락날락하였습니다.

그의 장사는 날로 흥하였지만 그의 밑천은 결코 늘지 않았습니다.

그는 이전에 자기 아버지의 집에 있을 때는 몰랐거니와, 이렇게 세상에 나온 뒤에 자기 아버지의 평판이 대단히 나쁜 것을 보았습니다. 다른 것이 아니라 인색하다 하는 것이었습니다.

'아버지도, 그만한 재산이 있으면, 남한테 좀 주어도 좋을 것을……'

그는 처음에는 이렇게 생각하였지만, 자기의 장사에게 괜찮게 이익이 나는 것을 본 뒤부터는 그 이익을 모아서 백 원, 오백 원씩 아버지의

---

* 저어하다 염려하거나 두려워하다.

이름으로 여기저기 기부를 하였습니다. 그리고 혼자서 마음으로 아버지를 위하여 하는 일이라고 기뻐하고 있었습니다.

"여보 마누라, 아버님이 인색하시단 말도 이젠 좀 줄었겠지요?"

어떤 날 그는 아내에게 이렇게 말하였습니다.

"네, 며칠 전에 거리에 서 있노라니까 지나가는 사람들의 이야기에, 아버님께서 불쌍한 사람에게 기부를 하신 일이 신문에 났다고 늘으막에 선심을 시작하신 모양이라고들 그러나 봅디다."

"신문에?"

그는 그 날부터 신문을 사 보기 시작하였습니다.

그는 어떤 때 어느 예배당을 짓는 데 아버지의 이름으로 돈 천 원을 기부하였습니다. 그리고 그 날부터 신문에 그 일이 나기를 기다렸습니다. 이삼 일 뒤에 그는 신문을 뒤적이다가, 고함치면서 그 신문을 들고 방 안에 뛰쳐들어왔습니다. 신문에는 커다랗게 전성철 대감이 돈 천 원을 예배당 건축에 기부하였다는 말이 마치 기적이라도 발생한 듯이 씌어 있었습니다.

"여보 마누라, 기도드립시다. —— 하느님이여, 제 아버지의 죄를 이 것으로 얼마라도 용서하여 주십시오. 예수의 공로까지 빌어서 당신께 원하옵니다, 아멘……. 아아, 마누라 이것 보오, 이것을. 아버님도 기뻐하시겠지."

그러나 그들의 기쁨은 곧 깨어져 버렸습니다. 그 일이 있은 이삼 일 뒤 저녁, 몇 해를 서로 보지 못하였던 아버지의 집 청지기*가 문득 그를 찾아와서, 돈 천 원을 주며, 아버지의 말을 전갈하였습니다. 그 말은 대략 이러하였습니다.

"내 이름으로 예배당에 돈 천 원을 기부한 일이 신문에 났기에, 알아

---

* 청(廳)지기 양반 집의 수청방에 있으면서 잡일을 맡아보고 시중을 들던 사람.

보니까 네가 가지고 왔다더라. 이 뒤에는 결코 내 이름을 팔아먹지 마라. 예수당에 기부? 예수당에 기부할 돈이 있으면 전장을 사겠다. 그 돈 천 원을 도로 찾아 보내니, 다시는 결코 그런 짓을 마라!"

그는 이 말을 듣고 눈물을 흘렸습니다. 그리고 이튿날 다시 그 예배당에 가서, 신문에 내지 않기로 하고 다시 그 천 원을 기부하였습니다.

세월은 흘러서 십여 년이 지났습니다. 스무 살쯤 하여 아버지의 집에서 쫓겨난 전 주사는 어느덧 서른 살이 되게 되었습니다.

그러나 그의 살림은 조금도 변치 않았습니다. 장사에서 이익이 나면 아버지의 이름으로 기부를 하고, 만날 아버지와 어머니의 영혼을 위하여 기도하고, 정직하고 겸손하고 질박하게* 장사를 하여 나아가고……. 그리하여 그가 서른 살 되던 해에, 그의 아버지는 문득 병이 걸려서 위독하게 되었습니다.

맏아들이요 외아들인 그는, 위독한 아버지의 앞에 돌아갔습니다.

그는 굵은 핏줄이 일어서 있는, 이전에는 든든하였던 아버지의 싯누런 손을 잡고 쓰러져 울었습니다. 아버지는 힐끗 그를 본 뒤에,

"우리 예수꾼."

하고는 성가신 듯이 눈을 감아 버렸습니다. 그러나 전 주사는 그 아버지의 감은 눈 아래 감추어 있는 오래간만에 만나는 부자로서의 따뜻한 사랑을 보았습니다. 그는 느끼는 소리로 그 자리에 엎디어 기도를 드렸습니다. 이 가련하고 착한 영혼을 위하여, 그는 몇만 번 드린 가운데서 그 중 훌륭한 기도를 하느님께 드렸습니다.

아버지의 눈은 잠깐 떨리다가 열렸습니다.

"너, 날 위해서 기도하느냐? 흥! 예수꾼."

---

* 질박(質朴)하다 꾸민 데가 없이 수수하다.

아버지는 고즈넉이* 말을 시작하다가 갑자기 아들의 쥐고 있는 손을 뿌리치면서 고함쳤습니다.

"저리 가라! 썩 가! 애비의 임종에서까지 우라질 하느님? 너의 예수 당에 가서나 울어라, 가!"

전 주사는 겁이 나서 두어 걸음 물러앉았습니다. 어머니도 놀라서 전 주사를 붙들고 우들우들 떨었습니다. 그러나 전 주사의 기도는 멎지 않았습니다. 전 주사는 물러앉아서도 이 착하지만 선지식을 모르는 애처로운 영혼을 위하여, 기도를 속으로 드렸습니다.

잠깐이 지났습니다. 아버지는 성가신 듯이 연하여 코를 쿵쿵 울리다가, 눈은 감은 채로 아들을 오라고 손짓을 하였습니다.

"기도해라. 아무 쓸데없지만, 네가 하고 싶으면 해라. 그러나 내게는 하느님보다 네가 귀엽다. 자, 애비의 손, 찬 손을 잡아라."

아아, 이것은 성격이 우렁찬 아버지의 아직껏 입 밖에 내어 보지 않은 약한 애원이었습니다. 전 주사는 아버지의 손을 잡고 엉엉 울었습니다. 밤이 깊어서 판서 전 재상 전성철은 세상을 떠났습니다. 좀 인색하다는 평판은 있었지만, 한때의 귀인 전 판서의 죽음은, 만도*가 조상하였습니다. 조상객이 구름과 같이 모여들었습니다.

전 주사는 무엇이 무엇인지 모를 범벅이 된 혼잡 속에서, 어망처망하다는 듯이 눈이 멀찐멀찐 조상객들을 맞고 있었습니다. 사실 거리의 조그만 상인인 '전 서방'에서 대가의 맏상제로 뛰어오른 전 주사는, 무엇이 무엇인지 분간을 못 하였습니다. 그는 다만 하느님뿐을 힘입으려 하였습니다.

전 주사가 새 대감으로 들어앉은 뒤에 처음으로 한 일은, 이 도회에

---

* 고즈넉하다 잠잠하고 호젓하다.
* 만도(滿都) 도시 전체.

서 오십만 원이라는 커다란 돈을 들여서 큰 공회당을 하나 만들어 놓은 것이었습니다. 그 공회당은 (돌아간 아버지의 이름을 빌어서) 성철관이라 하였습니다.

뭇사람은 그 공회당 낙성식에 모여서, 돌아간 전 판서의 혼백을 축복하였습니다. 전 주사는 만면에 웃음을 띠고, 이 낙성식에 참례하였다가 제 집으로 돌아와서 아내에게 이렇게 말하였습니다.

"여보 마누라. 참, 돈으로 이런 영광을 살 수 있을까? 이런 기쁨이 어디 있겠소? 아아, 아버님께서…… 여보 기도합시다."

이와 같이, 돈과 영광의 살림을 하면서도, 그는 결코 사치하게 지내지를 않았습니다. 아니, 사치하게 지내려 하여도 지낼 수가 없었습니다. 기름기 많은 고기를 그의 위는 소화를 못 하였습니다. 인력거를 타고 다니면, 그는 발이 저려서 참을 수가 없었습니다. 그는 이전에 장사할 때와 마찬가지로 채소를 먹고 삼 전짜리 담배를 피우며 십 리가 되는 길도 걸어다녔습니다. 그리고 그의 수입의 남은 것은, 모두 자선에 써 버렸습니다.

그러나 마귀는 아무런 구멍으로도 들어옵니다. 전 주사의 집안에도 재미없는 일이 생겼습니다.

칠십이 넘은 그의 어머니가 정신이 좀 별하게 되었습니다. 사십에 가까운 며느리가 아직 아들 하나를 낳지 못한 것을, 처음은 좀 이상하게 말하여 오던 어머니는 차차 만나는 사람은 누구에게나 다 그것을 전무후무한 큰 괴변과 같이 지껄이고 하였습니다.

"계집년이 방정맞으니깐, 아들 하나도 못 낳고 매일 하느님, 하느님…… 하느님이 제 서방이야?"

이런 말이 나올 때는 전 주사는 어쩔 줄을 모르고 골방에 뛰쳐들어가서, 이 무서운 말을 하는 어머니를 위하여 기도하였습니다.

그러나 어머니의 그것은 노망이라는 병 때문인지라, 막을 도리가 없었습니다. 어머니의 노망은 차차 더하여, 마지막에는 며느리뿐 아니라, 종들이며 드나드는 장사치에게까지 못 견디게 굴었습니다.

"내가 늙은이라고, 너희 년(혹은 놈)들이 업신여기는구나. 흥! 내가 —— 아아, 이런 원통한 일이 어디 있나!"

하면서 벼락같이 대청에 쓰러져 우는 일도 흔히 있었습니다. 뿐만 아니라 얼굴 좀 빤빤한 계집종을 밤중에 전 주사 거처하는 사랑에 들여보내는 일도 한두 번이 아니었습니다. 그것을 몇 번 전 주사가 물리친 다음부터는, 아직껏은 아들은 얼마간 저어하던 어머니가 아들에게까지 그렇게 굴었습니다.

"너희 젊은 연놈들이 트리하고* 이 늙은 년 하나를 잡아먹누나. 이 전문의 종자를 끊으려는 연놈들. 그럼 내라도 아들을 낳아서 이 집을 잇게 하고야 말겠다."

그러면서 그는 그 뒤부터는, 집에 사람이 오면 매양 그 사람을 붙잡고는, 얌전한 영감 하나를 구하여 달라고 야단하였습니다.

어떤 날, 뜰에서 무엇이 잘못되었다고 중얼거리고 있는 어머니의 뒷모양을 전 주사가 한심스러이 창문으로 내다보고 있을 때에, 사내 종 녀석이 하나 지나가다가 뒤에서 흉내내며 주먹질하는 것을 발견하였습니다.

전 주사는 어떻게든 어머니를 처치하여야겠다고 생각했습니다. 참말 어머니의 삶은 아무 가치가 없는 것입니다. 전 주사 자기는 이 세상에 독일이란 나라가 있고, 거기 베를린이란 서울이 있는 것까지 아는데, 어머니는 대국이란 나라가 어느 쪽에 붙었는지, 그것조차 모릅니다. 이런 가련한 인생이 어디 있겠습니까? 그것뿐 아니라 노망하기 때문에, 자기 집 안의 부엌이 어느 쪽에 붙었는지까지 간간 잊어버리는 일이 있

---

* 트리하다 공모하다.

고, 심지어는 자기에게 손자가 있었는지 없었는지도 몰라서 때때로 서두없이 손자(게다가 용손이란 이름까지 붙여서)를 좀 데려다 달라고 애원을 하곤 합니다. 그리고 종놈 종년들에게까지 주먹질이나 받고……. 그와 같은 사람은 하루를 더 살면 그만큼 자기 모욕의 행동이라고 전 주사는 생각하였습니다. 그리고 결론으로는, 자기 어머니와 같은 사람은 떠나 버리는 것이, 떠나는 자기를 위함이요, 또 남을 위함이라고 생각하였습니다. 어머니께 효도를 하기 위해서는, 하루바삐 어머니를 저 세상으로 보내는 것이라고까지 생각하였습니다. 참말 사면에서 욕보는 어머니의 모양은, 마음 착한 전 주사로서는 볼 수가 없었습니다.

"하느님이시여, 당신은 이 세상에 죄악이 너무 퍼졌을 때는 큰 홍수로써 세상을 박멸한 하느님이외다. 지금 제 어머니 때문에, 저는 어머니를 미워하는 역도의 죄를 지으며, 어머님께서도 만날 고생으로 지내실 뿐 아니라, 집 안 몇 식구가 그 때문에 잠시도 마음을 못 놓고 지냅니다. 제 이 어머니를 하느님 앞에 돌려보내는 것이 가장 착하고 옳은 일인 줄 저는 생각합니다."

뿐만 아니라 이제 일 년을 더 살지 못할 만큼 몸이 쇠약한 것은 누구나 아는 바요, 이제 더 산다는 그 일 년이 또한 다만 어머니의 껍질을 쓴 한 바보에 지나지 못하는지라, 그가 어머니를 죽인다 할지라도, 그것은 어머니가 아니요, 벌써 송장이 된 어떤 몸집에 조금 손을 더하는 것에 지나지 않겠습니다. 그는 그 '벌써 송장으로 볼 수 있는 어떤 몸집'에 조금 손을 더하려고 작정하였습니다.

이틀 뒤에 그의 어머니는 몹시 구역을 하고, 그만 세상을 떠나 버렸습니다.

한 달 뒤에 호출장으로 그는 검사청에 가 서게 되었습니다. 그는 서슴지 않고 온갖 일을 다 말하였습니다. 그 날 밤부터 그는 구치감에서 자게 되었습니다. 또 한 달이 지났습니다. 존친족 교살범이라는 명목 아래서 그의 공판은 열렸습니다. 그는 두말없이 사실을 부인하였습니다.

"아, 천부당만부당하신 말씀이외다. 제가 그 인자하신 어머니께 손을 대다니요. 천만에……, 어차피 일 년 이내에 돌아가실 수명이시고, 게다가 그 당시에도 살아 계시다고 할 수가 없는 이를 마음 편히 주무시게 한 뿐이지, 어머니를 내 손으로…… 참 천부당만부당……."

검사가 일어서서 반박하였습니다. —— 일 년 이상 더 살지 못할 사람은 죽여도 괜찮다는 법은 어디 있어? 이제 오 분 내지 십 분의 여명이 있는 병인을 죽여도 훌륭한 살인범이거늘, 이제 일 년? 그 논조로 가면 이제 십 년, 오십 년, 혹은 칠십 년 남은 목숨이라고 죽여 버려도 괜찮단 말인가…… 운운.

"당신과 말싸움은 안 하겠습니다."

전 주사도 검사가 어찌하여 그런 똑똑한 이치도 모르는고 하고, 그만 이렇게 대답하고 말았습니다.

재판관은 다시 전 주사에게 물었습니다.

"좌우간 죽인 것은 사실이지?"

"아니올시다."

"말을 바꾸어서 하마. 그럼 어머니를 '주무시게' 한 것은 사실이지?"

"네, 그렇습니다."

"그것은 죄가 아니냐?"

"그럴 리가 없습니다. 어머님을 가련한 경우에서 건져 내는 일이지, 결코 못된 일이 아니올시다."

"그래도 사람을 죽이……."

"아니올시다."

"사람을 잠재우는 것은, 죄가 아니냐?"

"그 사람을 위해서 행한 일은, 오히려 선행이올시다."

재판은 이와 같이 끝이 났습니다.

열흘 뒤에 그는 사형의 선고를 받았습니다. 그 때 그는,

"하느님뿐이 아시지, 당신네는 모릅니다."

이렇게 대답하였습니다.

"억울하냐?"

"원죄올시다."

"제 에미를 죽……."

"아니올시다."

"잠재운 것(재판관은 씩 웃었습니다.)은 죽어도 싸지."

"당신네는 모릅니다. 하느님뿐이 아시지."

"억울하면 공소해라."

"그 사람이 그 사람이지요. 하느님 앞에 가서 다 여쭐 테니까요."

그는 머리를 수그리고 나왔습니다.

사형을 집행하는 날, 교회사가 그에게 회개를 하라고 하였습니다. 나는 회개할 일이 없습니다. 하느님의 뜻대로 어머니를 주무시게 한 것은 죄가 아니외다. 당신네들의 법률의 명문에 그것을 사형에 처한다 했으면 그대로 할 것이지, 그 밖에 내 마음까지는 간섭치 말아 주. 나는 하느님을 저어하는 예수교인이외다. 십계명 가운데 다섯째에 부모께 효도하라신 말씀을 지킨 뿐이외다……. 그는 이렇게 대답하였습니다.

한 시간쯤 뒤에, 그의 혼은 그의 몸집을 떠났습니다.

그의 몸집을 떠난 그의 혼은 서슴지 않고 천당으로 가서 문을 두드렸습니다. 이윽고 문이 열리며, 천당의 사자 둘이 나왔습니다. 그의 혼은 사자에게 이끌리어, 천당 재판석에 이르렀습니다. 재판석에서, 재판관은 그에게 그의 전생의 일동 일정을 모두 이야기하라고 명하였습니다.

그는 생각하여 가면서, 하나도 빼지 않고 다 아뢰었습니다.

"음, 그 다음에 세상에서 네가 행한 가운데, 그중 양심에 쓰리던 일을 아뢰어라."

"없습니다."

전 주사의 혼은 서슴지 않고 대답하였습니다.

"없어? 그럼 그중 양심에 유쾌하던 일을 아뢰어라."

"그것은 세 번이었습니다. 첫번은 예수의 도를 처음으로 들었을 때였습니다. 그 때 제 집안은 ——."

"음 알았다. 알았다."

재판관은 몇억, 몇십, 몇백, 몇천억의 혼에게서 매양 들어 온, 다 같은 이야기를 다시 듣기 싫다는 듯이 머리를 끄덕였습니다.

"둘째는?"

"둘째는 아버님이 돌아가신 뒤에 아버님의 이름으로 큰 공회당을 세운 때의 일이외다. 아직껏 인색하시다고 아버님을 욕하던 세상이, 일시에 아버님의 만세를 부를 때에, 어쩔 줄 모르게 기뻤습니다."

"또 하나는?"

"어머님을 주무시게 한 것이외다. 그것 때문에, 첫째로는 어머님의 명예를 보존했고, 둘째로는 어머님의 없으심으로 집 안 모든 사람이 유쾌하게 마음놓고 살 수가 있게 되고, 그것 때문에 어머님께서는 저절로 선행을 하신 셈이 됐습니다."

재판관은 뚫어지도록 잠시 그의 혼을 내려다보다가 좌우를 돌아보며,

"저 혼을 지옥에 갖다가 가두어라."

하고 명하였습니다. 전 주사의 혼은, 처음은 그 뜻을 알지 못하여 잠자코 있었습니다. 그러나 사자 둘이 와서 그의 손을 붙잡을 때에 그는 처음으로 깨닫고, 무서운 힘으로 사자들을 떨쳐 버리고 고함쳤습니다.

"저를 왜 지옥으로 보내시렵니까? 대체 당신은 누구외까?"

재판관의 날카로운 눈은 번득였습니다.

"나? 나는 여호와로다."

"네? 당신이 하느님이시외까? 그럼 당신은 잘 아실 테외다. 저는 지옥으로 갈 죄는 없습니다. 저는 당신의 말씀을 지켜서 정직하고 겸손하게 세상의 길을 걸어 온 사람이외다. 철이 든 이래로는, 당신이 하지 말라신 일은 하나도 안 한 사람이외다. 저는 제 행한 모든 일이 다 잘한 일로 압니다."

"내 말을 듣거라. 첫째로 너는 애비의 죽은 뒤에 애비의 이름으로 기부를 해서, 애비의 명예를 회복했다 하나, 이 천당에서는 소위 명예니 무엇이니는 모른다. 다만 네가 거짓 애비의 이름을 팔아서 세상을 속인 것뿐을 사실로 본다. 아홉째 계명에 거짓말 말라고 했는데 그것은 거짓말이 아니냐?"

전 주사의 혼은 너무 어망처망하여, 얼른 대답을 못 하였습니다. 그러나 좀 뒤에 다시 정신을 가다듬으며 대답하였습니다.

"그러면 어머님을 편안케 한 것은 다섯째 계명에 효도하라는……."

"효도? 부모를 죽인 것이 효도? 네 말로는 어미를 괴로움에서 건지려 했다 하나, 그 당시에 네 어미는 아무 괴로움이며 고통을 모르고 있지 않았느냐? 그 어미를 죽인 것이 여섯째 계명에 어기지 않았느냐."

"그러나 마음은 어머님께 효도……."

"마음? 마음만 좋으면 아무런 죄를 지을지라도 용서받을 줄 아느냐?"

"그렇습니다. 천국은 마음의 나라라, 마음만 착할 것 같으면 그 결과에 얼마간 차질이 있을지라도 괜찮을 줄 압니다. 당신께서는 사람의 마음을 꿰어 들여다보시고 마음의 선이며 죄악을 다스리시는……."

"아니다, 아니야. 이말저말 할 것 없이, 네 생애 가운데 그중 양심에 유쾌하던 일이 제5, 제6, 제7의 계명을 범한 것이니깐, 딴 것은 미루어 알 수가 있다. 얘, 이 혼을 지옥에 데려가라."

"그러나 세상에서나 그렇지, 여기는 명문과 규율 밖에 더욱 긴한 것
이 있지 않습니까?"
하느님은 눈을 내리뜨고 잠시 동안 전 주사의 혼을 내려다보다가 웃
었습니다.
"하하하하, 여기도 법정이다."

태형

— 옥중기의 일절

"기쇼오(기상)!"

잠은 깊이 들었지만 조급하게 설렁거리는 마음에 이 소리가 조그맣게 들린다. 나는 한순간 화닥닥 놀래어 깨었다가 또다시 잠이 들었다.

"여보, 기쇼야, 일어나오."

곁의 사람이 나를 흔든다. 나는 돌아누웠다. 이리하여 한 초, 두 초, 꿀보다도 단 잠을 즐길 적에 그 사람은 또 나를 흔든다.

"잠 깨구 일어나소."

"누굴 찾소?"

이렇게 나는 물었다. 머리는 또다시 나락*의 밑으로 미끄러져 들어간다.

"그러디 말구 일어나요. 지금 오방 뎅껭(점검) 합넨다……."

"여보, 십 분 동안만 더 자게 해 주."

＊ 나락(奈落) 지옥을 뜻하는 불교 용어. 벗어나기 어려운 절망적 상황을 비유하여 이르기도 함.

"그거야 내가 알갔소? 간수한테 들키믄 당신 혼나갔게 말이디."

"에이! 누가 남을 잠도 못 자게 해! 난 잠들은 지 두 시간두 못 됐구레. 제발 조꼼만 더……."

이 말이 맺기 전에 나의 넓은 침실과 그 머리맡의 담배를 걸핏 보면서, 나는 또다시 혼혼히 잠이 들었다. 그 때에 문득 내게 담배를 한 가치 주는 사람이 있으므로, 그 담배를 먹으려 할 때에, 아까 그 사람(나를 흔들던 사람)은 또다시 나를 흔든다.

"기쇼 불렀소. 뎅껭꺼정 해요. 일어나래두……."

"여보! 이제 남 겨우 또 잠들었는데 깨우긴 왜……."

"뎅껭해요."

나는 벌컥 역정을 내었다.

"뎅껭이면 어떻단 말이요? 그래 노형* 상관 있소?"

"그만둡시다. 그러나 일어나 나오."

"남 이제 국수 먹구 담배 먹는 꿈꾸댔는데……."

이 말을 하려던 나는 생각만 할 뿐 또다시 잠이 들었다. 또 한 초 두 초, 단꿈에 빠지려던 나는, 곁방에서 들리는 제걱거리는 칼 소리와 문을 덜컥덜컥 여는 소리에 펄떡 놀라서 일어나 앉았다. 그러나 온몸을 취케 하던 졸음은 또다시 머리를 덮는다. 나는 무릎을 안고 머리를 묻은 뒤에 또다시 잠이 들었다. 또 한 초, 두 초, 시간은 흐른다. 덜컥! 마침내 우리 방문을 여는 소리가 났다. 나는 갑자기 굴복을 하고 머리를 들었다. 이미 잘 아는 바이거니와, 한 초 전에 무거운 잠에 취하였던 사람이라고는 생각 안 되도록 긴장된다.

덜컥 하는 소리와 함께 문이 열리며 간수가 서넛 들어섰다.

"뎅껭!"

다섯 평이 좀 못 되는 방에는 너무 크지 않나 생각되는 우렁찬 소리가 울리며, 경험으로 말미암아 숙련된 흐르는 듯한 (우리의 대명사인) 번호가 불리운다. 몇 호, 몇 호, 이렇게 흐르는 듯이 불러 오던 간수 부장은 한 번호에 머물렀다.

"나나햐쿠나나쥬용고(774호)."

아무 대답이 없다.

"나나햐쿠나나쥬용고!"

---

* 노형(老兄) 동년배 남자들 사이에 자기보다 여남은 살 더 먹은 사람을 높여 부르는 말. 또는 그다지 가깝지 않은 사이에 대접하여 부르는 말.

자기의 대명사 —— 더구나 일본말로 부르는 것을 알아듣지 못한 칠백칠십사 호의 영감(곧 내 뒤에 앉은)은 역시 대답이 없었다. 나는 참다 못하여 그를 꾹 찔렀다. 놀라서 덤비는 대답이 그 때야 겨우 들렸다.

"예, 하이!"

"나제 하야쿠 헨지오 시나이(왜 빨리 대답 안 하나)? 이리 나와!"

이렇게 부장은 고함쳤다. 그러나 영감은 가만 있었다. 고요한 가운데 소리 하나 없다.

"이리 오너라!"

두 번째 소리가 날 때에 영감은 허리를 구부리고 그의 앞에 갔다. 한 순간 공기를 헤치는 날카로운 소리와 함께, 이것 역시 경험 때문에 손 익게 된 솜씨인, 드는 손 보이지 않는 채찍은 영감의 등에 내려 맞았다.

영감은 가만 있었다. 그러나 눈에는 눈물이 있었다.

칠백칠십사 호 뒤의 번호들이 불린 뒤에, 정신 차리라는 책망과 함께 영감은 자기 자리에 돌아오고, 감방문은 다시 닫혔다.

이상한 일이거니와 한 사람이 벌을 받으면 방 안의 전체가 떨린다(공분이라든가 동정이라든가는 결코 아니다.). 몸만 떨릴 뿐 아니라 염통까지 떨린다. 이 떨림을 처음 경험한 것은 경찰서에서 세 시간을 연하여 맞은 뒤에 구류실에 들어가서 두 시간 동안을 사시나무 떨듯 떨던 때였다. 죽지나 않나까지 생각하였다(지금은 매일 두세 번씩 당하는 현상이거니와……).

방은 죽음의 방같이 소리 하나 없다. 숨도 크게 못 쉰다. 누구나 곁을 보면 거기는 악마라도 있는 것처럼 보려고도 안 한다. 그들에게 과연 목숨이 남아 있는지?

좀 있다가 점검이 끝났는지 간수들의 발소리가 도로 우리 방 앞을 지나갔다. 그 때에 아까 그 영감의 조그만 소리가 겨우 침묵을 깨뜨렸다.

"집엔, 그 녀석(간수)보담 나이 많은 아들이 두 녀석이나 있쉐다가

레……."

덥다.

몇 도인지, 백십 도 혹은 그 이상인지도 모르겠다.

매일 아침 경험하는 바와 같이 동쪽 하늘에 떠오르는 해를, '저 해가 이제 곧 무르녹일 테지.' 생각하면 그 예상을 맞추려는 듯이 해는 어느덧 방 안을 무르녹인다.

다섯 평이 좀 못 되는 이 방에, 처음에는 스무 사람이 있었지만, 몇 방을 합칠 때에 스물여덟 사람이 되었다. 그 때에 이를 어찌하노 하였다. 진남포 감옥에서 공소로 넘어온 사람까지 하여 서른네 사람이 되었을 때에 우리는 한숨을 쉬었다. 그러나 신의주와 해주 감옥에서 넘어온 사람까지 하여 마흔한 사람이 된 때에 우리는 한숨도 못 쉬었다. 혀를 채였다.

곧 처마 끝에 걸린 듯한 뜨거운 해는 그침 없이 더위를 보낸다. 몸 속에 어디 그리 물이 많았던지 아침부터 그침 없이 흘린 땀은 그냥 멎지 않고 흐른다. 한참 동안 땀에 힘없이 앉아 있던 나는 마지막 힘을 내어 담벽을 기대고 흐늘흐늘 일어섰다.

지옥이었다. 빽빽이 앉은 사람들은 모두들 힘없이 머리를 숙이고 입을 송장같이 벌리고, 흐르는 침과 땀을 씻을 생각도 안 하고 먹먹히 앉아 있다. 둥그렇게 구부러진 허리, 맥없이 무릎 위에 놓인 팔, 뚱뚱 부은 짓퍼런 얼굴에 힘없이 벌려진 입, 정기 없는 눈, 흩어진 머리와 수염, 모든 것은 죽은 사람이었다. 이것이 과연 아침에 세면소까지 뛰어갔으며 두 시간 전에 점심 먹느라고 움직인 사람들인가? 나의 곤하여 둔하게 된 감각에도 눈이 쓰린 역한 냄새가 쏜다.

그들은 무얼 하러 여기 왔나? 바람 불고 잘 자리 있고 담배 있는 저 세상에서 무얼 하러 여기 왔나? 사랑스러운 손자가 있는 사람도 있겠지. 예쁜 아내가 있는 사람도 있겠지. 제가 벌어 먹이지 않으면 굶어 죽을 어머니가 있는 사람도 있겠지. 그리고 그들은 자유로 먹고 마시고 바람을 쏘이고 자유로 자고 있었을 테다. 그러던 그들이 어떤 요구로 여기를 왔나?

그러나 지금의 그들의 머리에는 독립도 없고, 자결도 없고, 자유도 없고, 사랑스러운 아내나 아들이며 부모도 없고, 또는 더위를 깨달을 만한 새로운 신경도 없다. 무거운 공기와 더위에 괴로움받고 학대받아서, 조그맣게 두개골 속에 웅크리고 있는 그들의 피곤한 뇌에 다만 한 가지의 바람이 있다 하면, 그것은 냉수 한 모금이었다. 나라를 팔고 고향을 팔고 친척을 팔고 또는 뒤에 이를 모든 행복을 희생하여서라도 바꿀 값이 있는 것은 냉수 한 모금밖에는 없었다.

즉 그 때에 눈에 걸핏 떠오른 것은 (때때로 당하는 현상이거니와) 쫄쫄 쫄쫄 흐르는 샘물과 표주박이었다.

"한 잔만 먹여 다고, 제발……."

나는 누구에게 비는지 모르게 빌었다. 그리고 힘없는 눈을 또다시, 몸과 몸이 서로 닿아서 썩어서 몸에는 종기투성이요, 전 인원의 십분의 칠은 옴쟁이인 무리로 향하였다. 침묵의 끝없는 시간은 그냥 흐른다.

나는 도로 힘없이 앉았다.

"에, 더워 죽겠다!"

마지막 '죽겠다.'는 말은 똑똑히 들리지 않도록 누가 토하는 듯이 말하였다. 그러나 아무도 거게 대꾸할 용기가 없는지, 또 끝없는 침묵이 연속된다.

머리나 몸 가운데 어느 것이든 노동하지 않고는 사람은 못 사는 것이다. 그 사람들이 몇 달 동안을 머리를 쓸 재료가 없이 몸을 움직일 틈이 없이 지내 왔으니 어찌 견딜 수가 있을까? 그것도 이 더위에…….

더위는 저녁이 되어 가며 차차 더해진다. 모든 세포는 개개의 목숨을 가진 것같이, 더위에 팽창한 몸의 한 부분이라고는 생각할 수가 없었다. 무겁고 뜨거운 공기가 허파에 들어갔다가 나올 때마다 더위는 더해진다. 이러고야 어찌 열병 환자가 안 날까?

닷새 전에 한 사람 병감으로 나가고, 그저께 또 한 사람 나가고, 오늘 또 두 사람이 앓고 있다.

우리는 간수가 와서 병인을 병감으로 데리고 나갈 때마다, 부러운 눈으로 그들을 보았다. 거기는 한 방에 여남은 사람밖에는 두지 않았다. 그리고 그들에게는 '물' 약을 주었다. 뿐만 아니라, 그들은 맑은 공기를 마실 기회가 있었다.

"오늘이 일요일이지요?"

나는 변기 위에 올라 앉아서 어두운 전등 빛에 이를 잡으면서 곁에 서 있는 사람에게 물었다. (우리는 하룻밤을 삼분하고, 사람을 삼분하여 번갈아 잠을 자고, 남은 사람은 서서 기다리기로 하였다.)

"내니 압네까? 좋은 팁네다만, 삼일날인디 주일날인디⋯⋯."

그러나 종소리는 그냥 떙 —— 떙 —— 고요한 밤 하늘에 울려 온다. 그것은 마치 '여기는 자유로 냉수를 마시고 넓은 자리에서 잘 수 있는 사람이 있다.' 는 것처럼⋯⋯.

"사람의 얼굴이 좀 보고 싶어서⋯⋯."

"그래요. 정 사람의 얼굴이 보구파요."

"종소리 나는 저 세상엔 물두 있을 테지. 넓은 자리두 있을 테지. 바람두, 바람두 불 테지⋯⋯."

이렇게 나는 중얼거렸다.

"물? 물? 여보, 말 마오. 나두 밖에 있을 땐 목마르믄 물두 먹구, 넓은 자리에서 잔 사람이외다."

그는 성가신 듯이 외면을 한다.

그 말을 듣고 보니, 나도 밖에 있을 때는 자유로 물을 먹었다. 자유로 버드렁거리며 잤다. 그러나 그것은 지나간 옛적의 꿈과 같이 머리에 남아 있을 뿐이다.

"아이스크림두 있구."

이번은 이 편의 젊은 사람이 나를 꾹 찔렀다.

"아이스크림? 그것만? 여보, 그것만? 내겐 마누라두 있소. 뜰의 유월도*두 거반 익어 갈 때요."

나는 이렇게 말하였다. 즉, 아까 영감이 성가신 듯이 도로 나를 보며 말한다.

"마누라? 여보, 젊은 사람이 왜 그런 철없는 소리만 하오? 난 아들이 둘씩이나 있었소. 나 들어온 지 두 달 반, 그것들이 죽디나 않았는디……. 삼월 야드렛날 뫼골짜기에서 만세 부를 때, 집 안이 통 떨테나서 불렀소구레. 그르누래는데 툭탁툭탁 총소리가 나더니 데켄 앞에 있던 맏이가 꼬꾸러딥데다가레. 그래서 그리구 가 볼래는데 이번은 넢에 있던 둘째두 또 꼬꾸러디디요. 한꺼번에 아들 둘을 잡아먹구……. 그래서 정신없이 덤비누래니낀……. 음! 그런데 노형은 마누라? 마누라가 대테 무어이요."

"그래서 어찌 됐소?"

나는 그냥 이를 잡으면서 물었다.

"내가 알갔소? 난 곧 잽혜 왔으니낀. 밥두 차입 안 하구 우티두 안 보내는 걸 보느낀 죽었나 뭬다."

"난 어디카구."

---

* 유월도(六月桃) 음력 유월에 익는 복숭아. 빛이 검붉고 털이 많으며, 맛이 달고 시원함.

이번은 한 서너 사람 격하여 있는 마흔아믄 난 사람이 말을 시작하였다.

"그 날 자꾸 부르구 있누래니끼, 그 헌병놈들이 따라옵데다. 그래서 도망덜 해서 멧기슭에꺼정은 갔는데 뒤를 보아야 더 뛸 데가 없습데다가레. 궁한 쥐, 괭이게 달려든다구 할 수 있습데까? 맞받아 나갔디요, 그르닝끼 총을 놓기 시작하는데 그러구 여게서 하나 더게서 하나 푹푹 된장독 넘어디덧 꼬꾸라디는데……."

그는 여기서 잠깐 말을 멈추고 그 때 일을 생각하는 듯하더니 다시 말을 시작한다.

"그르누래는데 우리 아우가 맞아 넘어딥데다가레. 그래서 뒤집어 업구 도망할래는데 엎틴 데 덮틴다구 그만 나꺼정 맞아 넘어뎄디요. 정신을 차리니끼 발세 밤인데, 들이 춥기만 해요. 움쪽을 못 하갔는 걸, 게와 벌벌 기어서 좀 가누라니끼 웅성웅성하는 사람 소리가 나요. 아, 사람의 소릴 들으니끼 푹 맥이 풀리는데, 그만 쓰러데서 움쪽을 못 하갔시오. 그래서 헐떡거리구 가만 있누래는데, 발자국 소리가 가까워 오더니 '여게두 죽은 놈 하나 있다.' 하더니 발루 툭 찹데다가레. 그래서 앓는 소릴 하니끼 죽디 않았다구 들것에다가 담는데, 그 때 보느끼 헌병덜이야요. 사람이 막다른 골에 들믄 죽디 않게 났습데다. 약질두 안 하구 그대루 내버레 둔 거이 이진 다 나아시요."

하며 그가 피투성이의 저고리 자락을 들치니까 거기는 다 나은 흐무러진 총알 자리가 있다.

"난 우리 아바진(난 맹산서 왔시요), 우리 아바진 헌병대 구류장에서 총 맞어 없어시요. 50인이나 구류장에 몰아넿구 기관총으루……. 도죽놈들!"

그러나 우리들(자지 않고 서서 기다리기로 한) 가운데도 벌써 잠이 든 사람이 꽤 많았다. 서서 자는 사람도 있다. 변기 위 내 곁에 앉았던 사

람도 끄덕끄덕 졸다가 툭 변기에서 떨어졌다. 그리고 떨어진 그대로 잔다. 아래 깔린 사람도 송장이 아닌 증거로는 한두 번 다리를 버둥거릴 뿐 그냥 잔다.

　나도 어느덧 잠이 들었는지 모르겠다. 가슴이 답답하여 깨니까(매일 밤 여러 번씩 겪는 현상이거니와) 내 가슴과 머리는 온통 남의 다리(수십 개의) 아래 깔려 있다. 그것들을 우므적 우므적 겨우 뚫고 일어나서 그냥 어깨에 걸려 있는 몇 개의 남의 다리를 치워 버리고 무거운 김을 뱉었다.

다리 진열장이었다. 머리와 몸집은 어디 갔는지 방 안에 하나도 안 보이고, 다리만 몇 겹씩 포개이고 포개이고 하여 있다. 저편 끝에서 다리가 하나 버드렁거리는가 하면, 이 편 끝에서는 두 다리가 움질움질 하고……. 그것도 송장의 것과 같은 시퍼런 다리를. 이, 사람의 세계를 멀리 떠난 그들에게도 사람과 같이 꿈이 꾸어지는지(냉수 마시는 꿈이라도 꾸는지 모르겠다.) 때때로 다리들 틈에서 꿈 소리가 나온다.

아아! 그들도 집에 돌아만 가면 빈약하나마 자기 잘 자리는 넉넉할 것을…….

저 편 끝에서 다리가 일여덟 개 들썩들썩하더니 그 틈으로 머리가 하나 쑥 나오다가 긴 숨을 내쉬고 도로 다리 속으로 스러진다.

이것을 어렴풋이 본 뒤에 나도 자려고 맥난 몸을 남의 다리에 기대었다.

아침 세수를 할 때마다 깨닫는 것은, 나는 결코 파래지* 않았다는 것이었다. 부었는지 살쪘는지는 모르지만, 하루 종일 더위에 녹고 밤새도록 졸음과 땀에게 괴로움받은 얼굴을 상쾌한 찬물로 씻을 때마다 깨닫는 바가 이것이다. 거울이 없으니 내 얼굴은 알 수 없고 남의 얼굴은 점진적이니 모르지만, 미끄러운 땀을 씻고 보둥보둥한 땀을 만져 볼 때마다 나는 결코 파래지 않았다는 것을 깨닫는다. 그리고 이 세수 뒤의 두세 시간이 우리들의 살림 가운데는 그중 값이 있는 살림이며, 그중 사람 비슷한 살림이었다. 이 때뿐이 눈에는 빛이 있고 얼굴에는 산 사람의 기운이 있었다. 심지어는 머리도 얼마간 동작하며, 혹은 농담을 하는 사람까지 생기게 된다. 좀(단 몇 시간만) 지나면 모든 신경은 마비되

---

* **파래지다** 파리해지다.

고, 머리를 늘이고 떠도 보지를 못하는 눈을 시리감고 끓는 기름과 같이 숨을 헐떡거릴 사람과 이 사람들 새에는 너무 간격이 있었다.

"이따는 또 더워질 테지요?"

나는 곁의 사람에게 이렇게 말하였다.

"더워요? 덥긴 왜 더워? 이것 보구려. 오히려 추운 편인데……."

그는 엄청스럽게 몸을 떨어 본 뒤에 웃는다.

아직 아침은 서늘한 유월 중순이었다. 캘린더가 없으니 날짜는 똑똑히 모르되 음력 단오를 좀 지난 때였다. 하루 종일 받은 더위를 모두 방산한 아침은 얼마간 서늘하였다.

"노형, 어제 공판 갔댔지요?"

이렇게 나는 그 사람에게 물었다.

"예!"

"바깥 형편이 어떻습디까?"

"형편꺼정이야 알겠소? 거저 포플러두 새파랗구, 구름두 세차게 날아다니구, 다 산 것 같습디다. 땅바닥꺼정 움직이는 것 같구, 사람들두 모두 상판이 시꺼면 것이 우리 보기에는 도둑놈 관상입디다."

"그것을 한번 봤으면……."

나는 한숨을 쉬었다. 삼월 그믐, 아직 두꺼운 솜옷을 입고야 지낼 때에 여기를 들어온 나는, 포플러가 푸른빛이었는지 녹빛이었는지 똑똑히 모른다.

"노형두 수일 공판 가겠디요?"

"글쎄, 언제 한 번은 갈 테지요……. 그런데 좋은 소식은 못 들었소?"

"글쎄, 어제 이야기한 거같이 쉬 독립된답디다."

"쉬?"

"한 열흘 있으면 된답디다."

나는 거게 대꾸를 하려 할 때에 곁방에서 담벽을 두드리는 소리가 들렸다. 그것은 ㄱㄴㄷ과 ㅏㅑㅓㅕ를 수로 한 우리의 암호 신보였다.

"무, 엇, 이, 오?"

이렇게 두드렸다.

"좋, 은, 소, 식, 있, 소, 독, 립, 은, 다, 되, 었, 다, 오."

"어, 디, 서, 들, 었, 소."

"오, 늘, 아, 침, 차, 입, 밥, 에, 편, ㅈ."

여기까지 오던 신호는 뚝 끊어졌다.

"보구려. 내 말이 옳지 않나⋯⋯."

아까 사람이 자랑스러운 듯이 수근거렸다.

"곁방에서 공판 갈 사람을 불러 낸다. 오늘은⋯⋯."

"노형, 꼭, 가디?"

"글쎄, 꼭 가야겠는데. 사람두 보구, 시퍼런 나무들두 보구, 넓은 데를⋯⋯."

그러나 우리 방에서는 어제 간수 부장에게 매맞은 그 영감과 그 밖에 영원, 맹산 등지 사람 두셋이 불려 나갈 뿐, 나는 역시 그 축에서 빠졌다.

'언제든, 한 번 간다.'

나는 맛없고 골이 나서 속으로 중얼거렸다. 그러나 그 '언제든' 이 과연 언제일까. 오늘은 꼭, 오늘은 꼭, 이리하여 석 달을 밀려 온 나였다. '영구' 와 같이 생각되는 석 달을 매일 아침마다 공판 가기를 기다리면서 지내 온 나였다. '언제 한때' 란 과연 언제일까? 이런 석 달이 열 번 거듭하면 서른 달일 것이다.

"노형은 또 빠뎄구려!"

"싫으면 그만두라지. 도죽놈들!"

"이제 한 번 안 가리까?"

"이제? 이제가 대체 언제란 말이오? 십 년을 기다려도 그뿐, 이십 년을 기다려도 그뿐⋯⋯."

"그래두 한 번이야 안 가리까?"

"나 죽은 뒤에 말이오?"

나는 그에게까지 역정을 내었다.

좀 뒤에 아침밥을 먹을 때까지도 나의 마음은 자못 편치 못하였다. 그것은 바깥을 구경할 기회를 빨리 지어 주지 않는 관리에게 대함이람보다, 오히려 공판에 불려 나가게 된 행복된 사람들에 대한 무거운 시기에 가까운 것이었다.

점심을 먹고 비린내 나는 냉수를 한 대접 다 마신 뒤에, 매일 간수의 눈을 기어 가면서 장난하는 바와 같이, 밥그릇을 당겨서 거기 아직 붙어 있는 밥알을 모두 뜯어서 이기기 시작하였다. 갑갑하고 답답하고, 서로 이야기하는 것을 허락지 않고, 공상을 하자 하여도 인전 벌써 재료가 없어진 우리가 가질 수 있는, 다만 하나의 오락이 이것이었다.

때가 묻어서 새까맣게 될 때는 그 밥알은 한 덩어리의 떡으로 변한다. 그 떡은, 혹은 개, 혹은 돼지, 때때로는 간수의 모양으로 빚어져서 마지막에는 변기 속으로 들어간다…….

한창 내 손 속에서 움직이던 떡덩이는, 뿔은 좀 크게 되었지만 한 마리의 얌전한 소가 되어 내 무릎 위에 섰다. 나는 머리를 들었다.

아직 장난에 취하여 몰랐지만 해는 어느덧 또 무르녹이기 시작하였다. 빈대 죽인 피가 여기저기 묻은 양회 담벽에는 철창 그림자가 똑똑히 그려져 있다. 사르는 듯한 더위는 등지고 있는 창 밖에서 등을 탁 치고, 안고 있는 담벽에서 반사하여 가슴을 탁 치고, 곁에 빽빽이 있는 사람의 열기로 온몸을 썩인다. 게다가 똥오줌 무르녹은 냄새와, 살 썩은 냄새와 옴약내에, 매일 수없이 흐르는 땀 썩은 냄새를 합하여, 일종의 독가스를 이룬 무거운 기체는 방에 가라앉아서 환기까지 되지 않는다. 우리의 피곤하여 둔하게 된 감각으로도, 넉넉히 깨달을 수 있는 역한 냄새였다. 간수가 가까이 와서 들여다보지 않는 것도 당연한 일이었다.

그러고 보니 생각나거니와 나뿐 아니라 온 사람의 몸에는 종기투성이였다. 가득 차고 일변 증발하는 변기 위에 올라앉아서 뒤를 볼 때마다 역정 나는 독한 습기가 엉덩이에 묻어서, 거기서 생긴 종기를 이와 빈대가 온몸에 퍼져서 종기투성이 아닌 사람이 없었다.

땀은 온몸에서 뚝뚝 —— 이라는 것보다, 좔좔 흐른다.

"에 —— 땀."

나는 힘없이 중얼거렸다. 이상한 수수께끼와 같은 일이었다. 밥 먹은 뒤에 냉수를 벌걱벌걱 마시면 이삼십 분 뒤에는 그 물이 모두 땀으로 되어 땀구멍으로 솟는다.

폭포와 같다 하여도 좋을 땀이 목과 가슴에서 흘러서, 온몸에 벌레 기어다니는 것같이 그 불쾌함은 말할 수 없다.

그러나 땀을 씻는 사람은 하나도 없다. 손가락 하나라도 움직이면 초열 지옥에라도 떨어질 것같이, 흐르는 땀을 씻으려는 사람도 없다.

'얼핏 진찰감에 보내어 다고.'

나의 피곤한 머리는 이렇게 빌었다. 아침에 종기를 핑계삼아 겨우 빌어서 진찰하러 갈 사람 축에 든 나는, 지금 그것밖에는 바랄 것이 없었다. 시원한 공기와 넓은 자리를 (다만 일이십 분 동안이라도) 맛보는 것은, 여간한 돈이나 명예와도 바꿀 수 없는 귀중한 것이었다. 그것뿐 아니라, 입감 이래로 안부는커녕 어느 감방에 있는지도 모르는 아우의 소식도 알는지도 모르겠다.

즉 뜻하지 않게 눈에 떠오른 것은 집의 일이었다. 희다 못하여 노랗게까지 보이는 햇빛에 반사하는 양회 담벽에 먼저 담배와 냉수가 떠오르고 나의 넓은 자리가 (처음 순간에는 어렴풋하였지만) 똑똑히 나타났다. (어찌하여 그런 조그만 일까지 똑똑히 보였던지 아직껏 이상하게 생각하거니와) 파리만 한 마리, 성냥갑에서 담뱃갑으로 도로 성냥갑으로 왔다

갔다한다.

"쌍!"

나는 뜨거운 기운을 뱉었다.

"파리까지 자유로 날아다닌다."

성내려야 성낼 용기까지 없어진 머리로 억지로 성을 내고, 눈에서 그 그림자를 지워 버리려 하였다. 그러나 담배와 냉수는 곧 없어졌지만 성가신 파리는 끝끝내 떨어지지를 않았다.

나는 손을 들어서 (마치 그 파리를 날리려는 것같이) 두어 번 얼굴을 부친 뒤에 맥없이 아까 만든 소를 쥐었다.

공기의 맛이 달다고는, 참으로 경험해 보지 못한 사람은 뜻도 못할 일일 것이다. 역한 냄새 나는 뜨거운 기운을 뱉고 달고 맑은 새 공기를 들이마시는 처음 순간에는 기절할 듯이 기뻤다.

서늘한 좋은 일기였다. 아까는 참말로 더웠는지, 더웠으면 그 더위는 어디로 갔는지, 진찰감으로 가는 동안 오히려 춥다 하여도 좋을 만치 서늘하였다.

그러나 그보다도 더 기쁜 것은 거기서 아우를 만난 일이었다.

"어느 방에 있니?"

나는 머리를 간수에게 향한 채로 조그만 소리로 물었다.

"사(四)감 이(二) 방에……."

나는 좀 있다가 또 물었다.

"몇 사람씩이나 있니? 덥지?"

"모두덜 살이 뚱뚱 부었어……."

"도죽놈들. 우리 방엔 사십여 인이 있다. 몸뚱이가 모두 썩는다. 집에 오히려 널거서 걱정인 자리가 있건만. 너 그새 앓지나 않았니?"

"감옥에선 앓을래야 병이 안 나. 더워서 골치만 쏘디……."

"어떻게 여기(진찰감) 나왔니?"

"배 아프다구 거짓부리하구……."

"난 종기투성이다. 이것 봐라."

하면서 나는 바지를 걷고 푸릿푸릿한 종기를 내놓았다.

"그런데 너희 방에 옴쟁이는 없니?"

"왜 없어……."

그는, 누구도 옴쟁이고 누구도 옴쟁이고, 알 이름 모를 이름 하여 한 일여덟 사람 부른다.

"그런데 집에서 면회는 왜 안 오는디……."

"글쎄 말이다. 모두들 죽었는지……."

문득 아직껏 생각도 하여 보지 않은 일이 머리에 떠오른다. 석달 동안을 바깥 사람이라고는 간수들밖에는 보지 못한 우리에게는 바깥이 어떤 형편인지는 모를 지경이었다.

간혹 재판소에 갔다 오는 사람도 있기는 하지만, 거기 다니는 길은 야외라, 성 안은 아직 우리가 여기 들어올 때와 같이 음음한 기운이 시가를 두르고, 상점은 모두 철전*을 하고 있는지, 혹은 전과 같이 거리에는 흥정이 있고, 집 안에서는 웃음소리가 터지며, 예배당에는 결혼하는 패도 있으며, 사람들은 석달 전에 일어난 그 사건을 거반 잊고 있는지, 보기는커녕 알지도 못할 일이었다. 일가나 친척의 소소한 일은 더구나 모를 일이었다.

"다 무슨 변이 생겼나부다."

"그래두 어제 공판 갔던 사람이 재판소 앞에서 맏형을 봤다는데……."

아우는 근심스러운 얼굴로 이렇게 말하였다. 그러나 그 아우의 마지

---

* **철전(撤廛)** 철시. 시장, 점포 등을 모조리 거두어 치움.

막 '봤다는데' 라는 말과 함께,

"천십칠 호!"

하고 고함치는 소리가 귀에 울리었다. 그것은 내 번호였다.

"네!"

"딘찰."

나는 빨리 일어서서 의사의 앞으로 갔다.

"오데가 아파?"

"여기요."

하고 나는 바지를 벗었다. 의사는 내가 내려놓은 엉덩이와 넓적다리를 얼핏 들여다보고, 요만한 것을……. 하는 듯한 얼굴로 말없이 간호수에게 내맡긴다. 거기서 껍진껍진한 고약을 받아서 되는 대로 쥐어 바르고 이번엔 진찰 끝난 사람 축에 앉았다.

이 때에 아우는 자기 곁에 앉은 사람과 (나 앉은 데까지 들리도록) 무슨 이야기를 둥둥 하고 있었다. 나는 깜짝 놀라서 간수를 보았다. 간수는 아우를 주목하는 모양이었다. 나는 기지개를 하는 듯이 손을 들었다. 아우는 못 보았다. 이번은 크게 기침을 하였다. 그러나 그는 못 들은 모양이었다. 가슴이 떨리기 시작하였다.

'알귀야* 할 터인데…….'

몸을 움즉움즉 하여 보았지만, 그는 이야기에 정신이 팔려서 그냥 그치지 않고 하다가, 간수가 두어 걸음 자기에게 가까이 올 때야 처음으로 정신을 차리고 시치미를 떼었다. 그러나 간수는 용서하지 않았다. 채찍의 날카로운 소리가 한 번 나는 순간, 아우는 어깨에 손을 대고 쓰러졌다.

피와 열이 한꺼번에 솟아올라 나는 눈이 아득하였다. 좀 있다가 감방

---

* 알귀야 '알려야'의 사투리.

으로 돌아올 때에 재빨리 곁눈으로 아우를 보니, 나를 보내는 그의 눈에는 눈물이 가득하여 있었다. 무엇이 어리고 순결한 그의 눈에 눈물을 고이게 하였나? 나는 바라고 또 바라던 달고 맑은 공기를 맛보기는 맛보았지만, 이를 맛보기 전보다 더 어둡고 무거운 머리를 가지고 감방으로 돌아오게 되었다.

저녁을 먹은 뒤에 더위에 쓰러져 있던 나는 아직 내가지 않은 밥그릇에서 젓가락을 꺼내어 손수건 좌우편 끝을 조금씩 감아서 부채와 같이 만들어서 부쳐 보았다. 훈훈하고 냄새 나는 바람이 땀 위를 살짝 스쳐서, 그래도 조금의 서늘함을 맛볼 수가 있었다. 이만 지혜가 어찌하여 아직 안 났던고? 나는 정신 잃은 사람같이 팔을 둘렀다. 이 감방 안에서는 처음의, 냄새는 나지만 약간의 바람이 벌레 기어다니는 것같이 흐르던 가슴의 땀을 증발시키느라고 꿀 같은 냉미를 준다. 천장에 딱 붙은 전등이 켜졌다. 그러나 더위는 줄지 않았다. 손수건의 부채는 온 방 안이 흉내내어, 나의 뒷사람으로 말미암아 등도 부쳐졌다. 썩어진 공기가 움직인다. 그러나 우리들의 부채질은 재판소에서 돌아오는 사람들 때문에 중지되지 않을 수가 없었다. 우리 방에서 나갔던 서너 사람도 돌아왔다. 영원 영감도 송장 같은 얼굴로 돌아왔다.
나는 간수가 돌아간 뒤에 머리는 앞으로 향한 대로 손으로 영감을 찾았다.
"형편 어떻습디까?"
"모르갔소."
"판결은 어떻게 되었소?"
영감은 대답이 없었다. 그의 입은 바늘로 호라매지나* 않았나? 그러

---

* 호라매다 '꿰매다' 의 사투리.

나 한참 뒤에 그는 겨우 대답하였다. 그의 목소리는 대단히 떨렸다.

"태형 구십 도랍디다."

"거 잘됐구려! 이제 사흘 뒤에는 담배두 먹구, 바람두 쏘이구…… 난 언제나……."

"여보, 잘돼시오? 무어이 잘된단 말이오? 나이 칠십 줄에 들어서 태 맞으면――, 말하기두 싫소. 난 아직 죽긴 싫어! 공소했쉐다."

그는 벌컥 성을 내어 내게 달려들었다. 그러나 그의 말을 들은 뒤의 내 성도 그에게 지지를 않았다.

"여보! 시끄럽소. 노망했소? 당신은 당신이 죽겠다구 걱정하지만, 그 래 당신만 사람이란 말이오? 이 방 사십여 명이 당신 하나 나가면 그 만큼 자리가 넓어지는 건 생각지 않소? 아들 둘 다 총 맞아 죽은 다음 에 뒤상* 하나 살아 있으면 무얼 해? 여보!"

나는 곁에 있는 다른 사람에게로 향하였다.

"여게 태형 언도를 공소한 사람이 있답니다."

나는 이상한 소리로 껄껄 웃었다.

다른 사람들도 영감을 용서치 않았다. 노망하였다, 바보로다, 제 몸 만 생각한다, 내쫓아라, 여러 가지의 폄이 일어났다.

영감은 대답이 없었다. 길게 쉬는 한숨만 우리의 귀에 들렸다. 우리 들도 한참 비웃은 뒤에는 기진하여 잠잠하였다. 무겁고 괴로운 침묵만 흘렀다. 바깥은 어느덧 어두워졌다. 대동강 빛과 같은 하늘은 온 세상 을 덮었다. 우리들의 입은 모두 바늘로 호라매지나 않았나? 그러나 한 참 뒤에 마침내 영감이 나를 찾는 소리가 겨우 침묵을 깨뜨렸다.

"여보!"

"왜 그러오?"

---

* 뒤상 '늙은이'의 사투리.

"그럼 어떡하란 말이오?"

"이제라도 공소를 취하해야지!"

영감은 또 먹먹하였다. 그러나 좀 뒤에 그는 다시 나를 찾았다.

"노형 말이 옳소. 내 아들 두 놈은 덩녕쿠 다 죽었쉐다. 난 나 혼자 이제 살아서 무얼 하갔소? 취하하게 해 주소."

"진작 그럴 게지. 그럼 간수 부릅니다."

"그래 주소."

영감은 떨리는 소리로 말했다.

나는 패통*을 쳤다. 간수는 왔다. 내가 통역을 서서 그의 뜻(이라는 것보다 우리의 뜻)을 말하매, 간수는 시끄러운 듯이 영감을 끌어 내갔다. 자리에 돌아올 때에 방 안 사람들의 얼굴을 보니, 그들의 얼굴에는 자

---

* 패통 교도소에서, 재소자가 어떤 용무가 있어 교도관을 부를 때 쓰도록 마련한 장치.

리가 좀 넓어졌다는 기쁨이 빛나고 있었다.

모칸*! 이것은 십여 일 만에 한 번씩 가질 수 있는 우리의 가장 큰 행복이다.

"모칸!"

간수의 호령이 들릴 때에 우리들은 줄을 지어서 뛰어나갔다.

뜨거운 해에 쪼인 시멘트 길은 석 달 동안을 쉰 우리의 발에는 무섭게 뜨거웠다. 그러나 그것은 우리의 즐거움의 하나였다. 우리는 그 길을 건너서 목욕통 있는 데로 가서 옷을 벗어 던지고, 반고형이라 하여도 좋을 꺼룩한 목욕물에 뛰어들었다.

무엇이라고 형용할 수 없는 즐거움이었다. 곧 곁에는 수도가 있다.

＊ 모칸 '목욕'의 사투리.

거기서는 어쨌든 맑은 물이 나온다. 그것은 우리들의 머리에서 한때도 떠나 보지 못한 '달콤한 냉수'였다. 잠깐 목욕통 속에서 덤빈 나는 수도로 나와서 코끼리와 같이 물을 먹었다.

바깥에는 여러 복역수들이 일을 하고 있었다. 그것도 (갑갑함에 겨운) 우리들에게는 부러움의 푯대였다. 그들은 마음대로 바람을 쏘일 수가 있었다. 목마르면 간수의 허락을 듣고 물을 먹을 수가 있다. 뿐만 아니라, 그들에게는 갑갑함이 없었다.

즉, 어느덧 그치라는 간수의 호령이 울렸다. 우리의 이십 초 동안의 목욕은 이에 끝났다. 우리는(매를 맞지 않으려고) 시간을 유여치 않고 빨리 옷을 입은 뒤에 간수를 따라서 감방으로 돌아왔다. 꼭 가장 더울 시각이었다. 문을 닫는 순간, 우리는 벌써 더위 속에 파묻혔다. 더위는 즐거움 뒤의 복수라는 듯이 용서 없이 우리에게 내리쪼인다.

"벌써 덥다!"

나는 혼자말로 중얼거렸다.

"매를 맞구라두 좀더 있을걸……."

누가 이렇게 말한다. 서너 사람의 웃음 비슷한 소리가 들렸다. 그러나 그 뒤에는 먹먹하였다. 몇 시간 동안의 침묵이 연속되었다.

우리는 무서운 소리에 화닥닥 놀랐다. 그것은 단말마의 부르짖음이었었다.

"히도쓰(하나), 후다쓰(둘)."

간수의 헤어 나가는 소리와 함께,

"아이구 죽겠다. 아이구, 아이구!"

부르짖는 소리가 우리의 더위에 마비된 귀를 찔렀다. 우리는 더위를 잊고 모두들 머리를 들었다. 우리의 몸은 한결같이 떨렸다. 그것은 태 맞는 사람의 부르짖음이었다. 서른까지 헨 뒤에 간수의 소리는 없어지고 태 맞는 사람의 앓는 소리만 처량히 우리의 귀에 들렸다.

둘째 사람이 태형대에 올라간 모양이다.

"히도쓰."

하는 간수의 소리에 연한 것은,

"아유!"

하는 기운 없는 외마디의 부르짖음이었다.

"후다쓰."

"아유!"

"미쓰(셋)."

"아유!"

우리는 그 소리의 주인을 알았다. 그것은 어젯밤 우리가 내쫓은 그 영원 영감이었다. 쓰린 매를 맞으면서도 우렁찬 신음을 할 기운도 없이 '아유' 외마디의 소리로 부르짖는 것은 우리가 억지로 매를 맞게 한 그 영감이었다.

"요쓰(넷)."

"아유!"

"이쓰쓰(다섯)."

"후──!"

나는 저절로 목이 늘어지는 것을 깨달았다. 나의 머리에는 어젯밤 그가 이 방에서 끌려나갈 때의 꼴이 떠올랐다.

"칠십 줄에 든 늙은이가 태 맞구 살길 바라갔소? 난 아무캐 되든 노 형들이나……."

그는 이 말을 채 맺지 못하고 초연히 간수에게 끌려 나갔다. 그리고 그를 내쫓은 장본인은 이 나였다.

나의 머리는 더욱 숙여졌다. 멀거니 뜬 눈에서는 눈물이 나오려 하였다. 나는 그것을 막으려고 눈을 힘껏 감았다. 힘있게 닫긴 눈은 떨렸다.

곰네

통칭 곰네였다.

어버이가 지어 준 것으로는 길녀라 하는 이름이 있었다. 박가라 하는 성도 있었다. 정당히 부르자면 '박길녀'였다.

그러나 길녀라는 이름을 지어 준 부모부터가 벌써 정당한 이름을 불러 주지를 않았다. 대여섯 살 나는 때부터 벌써 부모에게 '곰네'라 불렸다. 어렸을 때부터 어머니가 어린애를 붙안고 늘 곰네, 곰네 하였는지라, 그 집에 다니는 어른들도 저절로 곰네라 부르게 되었고, 이 곰네에게 길녀라는 정당한 이름이 있는 줄을 아는 사람조차 드물게 되었다. 곰네 자신도 자기가 늘 곰네라는 이름으로 불렸는지라, 제 이름이 곰네인 줄만 알았지 길녀인 줄은 몰랐다.

그가 여덟 살인가 났을 때에 먼 일가 노파가 찾아와서 그를 부름에 길녀야 하였기 때문에, 곰네는 누구를 부르는 소린지 몰라서 제 장난만 그냥 하고 있었다. 그러다가 그 사람이 자기 쪽으로 손을 벌리며, 그냥 길녀야 길녀야 이리 오너라 하고 연방 부르는 바람에 비로소 자기를 부르는 소린 줄을 알았다. 그러고는 그 사람에게로 가지 않고 제 어미에게로 갔다.

"엄마, 엄마. 데 사람이 나보구 길네라구 그래. 길네가 무엉요. 남의 이름두 모르구. 우섭구나, 야!"

어머니가 곰네를 위하여 변명을 하였다.

"이 엠나이(계집애)! 어른보구 그게 뭐야. —— 엠나이두 하두 곰통같이 굴어서 곰네라구 곤텟다우. —— 이 엠나이. 좀 나가 놀알!"

"히! 곱다구 곰네디 곰통 같다구 곰넬까. 곰통 같으믄 곰통네디."

"나가 놀알!"

"양우 찍!"

사실 계집애가 하도 곰동지같이 완하고 억세기 때문에 '곰' 네였다. 얼굴의 가죽이 두껍고 거칠고 손과 팔의 마디가 완장*하고 클 뿐 아니라, 가슴이 턱 벌어져 있고 왁살스럽고, 그 목소리까지도 거칠고 뚝하였다. 머리카락까지도 굵고 뻣뻣하였다. 그에게서 억지로라도 여자다운 점을 찾아내자 하면 그것은 잠꼬대뿐이었다. 잠꼬대에서는 그래도 간간 가냘픈 소리며 아기를 업고 싶어하는 본능이 보였다. 그 밖에는 여자다운 점은 터럭 끝만큼도 없었다.

이름이 길녀라 하지만 '길' 하다든가 '실' 하다든가 한 점은 얻어 낼 수가 없었다. 곱다는 곰네가 아니요 곰동지 같다는 곰네야말로 명실히 가진 그의 이름이었다.

젖 떨어지면서부터 농터에 나섰다. 농터래야 빈약한 것으로, 풍년이나 들면 간신히 그의 식구(아버지, 어머니, 곰네 —— 이렇게 단 세 사람)의 굶주림이나 면할 정도의 것이었다.

곰네가 농터에 나서면서부터는 어머니의 부담이 훨씬 줄었다. 그의

＊완장(頑丈) 굳고 튼튼함.

아버지라는 사람은 농군답지 않은 게으름뱅이에 기력도 적은 사람이어서 보잘 여지 없는 소위 망나니였다. 술이나 얻어먹고 투전판이나 찾아다니고 남의 집 여편네나 담 넘어 엿보러 다니는 사람이었다. 농사 때에는 단 내외의 살림이라 하릴없이 농터에 나서기는 하지만 손에 흙을 대기는 싫어하고, 게다가 기운이 없어서 조금 힘든 일을 하면 숨이 차서 당하지를 못하고 게으름, 꾀만 가득 차서 피할 궁리만 공교롭게 하는 사람이었다.

그런지라 아주 쉽고 가벼운 심부름 이상은 하지 않기도 하였거니와 시킨댔자 감당도 못할 위인이었다. 대여섯 살 나서부터 농사에 어머니에게 몸 내놓고 조력한 곰네가 훨씬 도움이 되었다. 힘과 기운으로도 벌써 아버지보다 승하였거니와, 어린애답게 열이 있고 정성이 있었다. 그런지라 팔구 세 때에는 벌써 농군으로서의 한몫을 당해 냈고 농사의 눈치도 어른 뒤떠먹으리만치 열렸다.

곰네가 열세 살 나던 해에 그의 게으름뱅이 아버지가 죽었다. 이 가장의 죽음도 그 집의 경제상에는 아무 영향도 없었다. 극단적으로 말하자면 한 식구 줄었으니 그만치 심이 폈달 수도 있었다. 살아 있대야 곡식만 소비할 뿐이지 아무 도움도 없던 인물이라 없느니만 못하였다.

그래도 십여 년 살던 정이 그렇지 못하여 곰네의 어머니는 흰 댕기도 드리고 좀 한심스러운 듯이 망연히 하늘을 우러러볼 때도 있기는 하였으나, 생활 자체에는 아무 영향도 없었다.

놀고 먹고 귀찮게나 굴던 가장이요, 가사에는 아무 도움이 없었는지라, 가사도 여전하였거니와 인제는 제 한몫 당하는 곰네가 조력을 하는지라, 어머니로서는 훨씬 노력을 덜하게 되었다. 눈치 있는 곰네가 앞장서서 일하는 것을 어머니는 도리어 보고 있기만 할 때가 많았다.

열다섯 살에 어머니마저 세상을 떠났다.

세상 보통의 처녀로서는 아뜩한 일이었다. 빚은 주는 사람이 없었으니 빚은 없었지만, 남기고 간 것이라는 것은 솥 나부랭이와 부엌 물건 두세 가지, 해진 옷 두세 벌밖에는 아무것도 없는 씻은 듯한 가난한 살림에, 이 집안의 큰 기둥 어머니까지 넘어진 것이다.

그러나 갓 나서부터 여유라는 것을 모르고 지낸 곰네는, 이 점으로는 낭패하지 않았다. 다만 보잘것 없는 밭 나부랭이지만, 그래도 그것을 얻어 부치던 것은 어머니의 면의 덕이라, 그것을 떼이게 된 것이 큰일이었다.

가을에 가서 약간 한 추수라는 것을 가지고 밭 주인(밭 주인이래야 가난한 자작농이었다.)을 찾아갔더니 아니나다를까,

"아바지 오마니 다 죽었으니 밭 다룰 사람이 없겠구나."

이런 말이 나왔다.

"아바지가 살았으믄 뭘 했댔나요?"

곰네는 반대해 보았다.

"아바진 그렇다 해두 오마니가 보디 않았니?"

"오마닌 또 뭘 했나요? 다 내가 했디."

"그래두 체니(처녀)아이 혼자서야 농살 하나?"

"해요. 꼬박꼬박 추수 들여놨으믄 그만이디오. 내 감당해요."

곰네는 지금껏도 자기가 농사를 죄 맡아서 하던 만큼 자기가 계속하겠다는 데 대해서 딴 의견이 있을 줄은 뜻도 안 하였다. 그렇기 때문에 거기 대해서는 걱정도 않고 대책도 생각지 않았다. 그러나 한 마디 두 마디 하는 동안 좀 의심스럽게 되었다. 그 밭을 떼려는 눈치를 직각하였다.

여기 협위*를 느낀 곰네는 그 땅을 그냥 자기가 보겠다고 처음은 간원하였다. 그 다음은 탄원하였다. 애걸까지 하였다.

---

* 협위(脅威) 위엄으로 으르고 협박함.

그러나 땅 주인은 곰네의 탄원도 애걸도 모두 일소에 붙이고 말았다.

"체니아이 혼자서 땅을 보나?"

요컨데 실력 여하를 막론하고 처녀 단 혼잣살림에는 소작을 맡길 수 없다는 것이었다.

그래서 그 땅을 종내 떼이고 말았다.

그러나 곰네는 겁을 내지 않았다.

빈궁한 중에서 나서 빈한 중에서 자란 그는 빈한이라는 것을 무서워할 줄을 모르는 사람이었다.

부모에게 물려받은 단칸 오막살이가 있었다. 거기 거처하였다.

이 조그만 마을에서는 모두가 서로 아는 사람이었다. 이 집 저 집으로 찾아다녔다.

가을 추수 뒤에는 농가에서는 새끼도 꼬고 가마니도 짜고 한다. 곰네는 돌아다니면서 이런 일의 조력을 하였다. 집에 따라서는 일한 품삯으로 돈푼이나 주는 집도 있었고, 혹은 끼니나 먹이고 마는 집도 있었다.

끼니만 먹이고 말든 혹은 돈푼이나 주든, 곰네는 그 보수에 대해서는 아무 욕구도 없었고 아무 불평도 없었다. 먹여 주면 다행이었다. 게다가 돈푼이라도 주면 그런 고마운 일이 없었다.

본시 충직하고 욕심이 없는데다가 간사한 지혜라는 것을 아직 모르는 곰네는, 남의 일 자기 일을 구별할 줄을 몰랐다. 자기가 자기 손으로 착수한 것이면 모두 자기 일이었다. 누가 보건 안 보건 한결같이 열과 성으로 일하였다.

사내들은 담배도 먹고 한담도 하여 헛시간을 보내지만, 곰네에게는 그것도 없었다. 아침에 손을 대기 시작하면 점심때도 그냥 일을 하면서 점심을 먹고 저녁때도 캄캄하게 되기까지 그냥 일을 계속하고 —— 그 위에 살뜰한 가정이 없는 그는 대개는 저녁까지도 그 집 상 귀퉁이에 붙어서 되는 대로 먹고 하였다.

—— 삯 헐하고 일 세차게 할 뿐더러 부지런히 하는 그 동리의 귀한 일꾼의 하나였다.

"곰네는 시집갈 밑천 장만하느라구 데렇게 돈을 뫂겠다."

동리 여인들이 이렇게 놀려 대어도 아직 시집 살림이 어떤 것인지 똑똑히 이해하지 못하는 곰네는,

"흰! 시이!"

하고 웃어 버리고 마는 것이었다.

"곰네, 너 어드런 새서방 얻어 갈래?"

이렇게 농 삼아 물어도 부끄러워할 줄도 모르고 그렇다고 기뻐할 줄도 모르는 곰네였다.

새서방이라든가 시집이라든가 하는 것은 아직 곰네에게는 상상도 못하는 이상한 물건이었다. 가마니를 짤 때, 새끼를 꼴 때, 사내들과 손이 마주치고, 혹은 잡히고 할 때도 움쳐 버리거나, 치워 버릴 줄도 모르고, 마치 사내 사내끼리나 여인 여인끼리와 같은 심정으로 태연히 지내는 그였다.

그 생김생김이며 태도, 행동이 모두 하도 사내 같으므로, 함께 일하는 사내들도 곰네만은 여인같이 생각이 안 가는 모양이었다. 어찌어찌하여 곰네를 붙안아 옮겨 놓든가 얼굴을 서로 마주 댈 필요가 생길 때라도 조금도 주저하지 않고 마치 사내끼리인 것과 마찬가지로 행동하였다. 곰네 자신도 역시 그런 심사였다.

처녀 열여덟에 땟국에서도 향내가 난다. 곰네도 사람의 종자라, 열여덟에도 나 보았다.

다른 처녀 같으면 몰래 거울도 보고, 손에 물칠하여 머리도 빗어 보고 낯선 사내 소리라도 나면 문틈으로 내다보고 싶기도 한 나이가 되었다.

그러나 곰네에게는 그런 달콤한 시절은 없었다.

그래도 변한 데가 있었다.

남의 집에서 일하다가 밤늦게 혼자 쓸쓸한 제 집으로 돌아오기가 싫은 때가 간간 있었다. 남편이 농터에서 농사짓는데 점심때쯤 그 아내가 밥 광주리를 이고 어린애를 등에 달고 농터로 찾아오는 것이 부러운 생각도 간간 났다. 누구가 혼사를 하였다, 누구가 상처를 하였다, 하는 소문이 귀에 심상치 않게 들리는 때가 잦아졌다.

게다가 동리 여인들이,

"곰네두 시집을 가야디 않나?"

"데리다가는 체니루 늙갔네."

하는 소리며,

"부모가 없으니 누가 혼인을 주장해 줄 사람이 있어야디."

"힘세서 새서방 얻어두 일은 세차게 잘할 게야."

이런 소리들이 차차 귀에 솔깃하게 들렸다.

더구나 그새도 간간 소작 땅이라도 얻으려 가면 그 매번을 '처녀 혼잣살림에 땅을 어떻게 부치느냐.'는 말을 들었지만 시재* 자기가 처녀 혼잣몸이니 어찌할 수 없는 것이라 단념해 두었더니, 지금 다시 생각하면, 남편이라는 것을 얻으면 '처녀 혼잣살림'이 아니라, 남의 땅도 얻어 부칠 수가 있고, 남의 땅을 얻어 부치고 그 위에 틈틈이 새끼며 가마니를 짜면 심도 훨씬 펴서 지금 단지 남의 삯일만 하는 것보다는 천승 만 승할 것이다.

'서방을 하나 얻을까?'

서방의 자격에 대하여도 아무 희망도 요구도 없었다. 농촌이니 사내로 생겨서 농사지을 것은 당연한 일이다. 학식이라든가 인격이라든가

---

* **시재**(時在) 지금 현재.

하는 것은 곰네는 그 가치는커녕 존재도 모르는 바다. 곱게 생기고 밉게 생긴 것도 전혀 모르는 바다. 사내로 서방이라는 명칭이 붙는 자면 그것만으로 넉넉하다. 그 이상, 그 이외의 것은 존재도 모르는 바거니와 부럽지도 않고 욕심나지도 않았다.

소작 터를 얻기 위하여 —— 그리고 또 농사에 힘을 아우를 자를 구하기 위하여 서방이 필요하였다.

—— 이리하여 곰네가 스무 살 나는 해 가을에 동리 노파의 주선으로 혼인을 정하였다. 서방 역시 곰네와 같이 혈혈 단신*이요, 배운 것도 없고, 나이는 스물다섯이지만 아직 총각이요, 저축도 없는 대신 빚도 없고 어디서 어떻게 굴러 먹던 사람인지 삼사 년 전에 단신으로 이 동리에 들어왔고, 이 동리에 들어온 이래로 지금껏 제 집이라고는 없이 이집 윗목 저 집 윗목으로 굴러다니면서 그 집 일을 도와 주는 체하면서 끼니를 얻어먹어 연명을 해 오던 초라하기 짝이 없는 사람이었다.

"계집이 없으니 그렇게 디냈디, 에미네(여편네) 얻으믄 그래두 제 몫이야 안 당하리."

"사나이 대당부라니 에미네 굶길까?"

중매한 사람 혹은 조혼한 사람이 모두 이렇게 말하였다. 곰네의 생각으로도, 사내 한 사람이 더 있으면 그만치 셈이 펼 것으로, 어서 성혼하면 생활이 좀 넉넉해질 것으로 믿었다.

섣달에 품삯을 셈해 받아 옷 한 벌 장만해 가지고, 정월에 들어서 길일을 택하여 성례하였다.

신혼 재미는 꿀과 같다 한다.

그러나 곰네에게 있어서는 생활상에고 감정상에고 아무 변화도 없었

---

* 혈혈 단신(孑孑單身) 의지할 곳이 없는 외로운 홀몸.

다. 혼자 자던 방에 혼자 자던 이불 속에 웬 사내 한 사람이 더 들어온 뿐이었다.

신혼 첫날밤은 동리 여인들이 와서 저녁을 지어 주고 이부자리를 펴 주었다. 남이 지은 밥을 먹고 남이 깔아 준 이부자리에서 잔다는 것은 곰네가 철든 이래 처음 당하는 경험이었다. 뿐더러 여인들은 한사코 곰네에게 못 하게 하고 자기네들이 도맡아 보아 주었다.

"새색시두 일하나?"

모두들 곰네를 상전이나 모시듯 서둘렀다.

그러나 그 밤을 지내고 이튿날부터는 곰네의 생활은 옛날대로 돌아갔다.

이튿날 아침 예에 의지하며 머리에 수건을 얹고 가마니를 짜러, (좀 넓은 방이 있는) 이 서방네 집으로 가서 예대로 부엌으로 들어섰더니 새색시도 이런 데를 오느냐고 단박에 밀렸다. 그래서 어떡하느냐고 물으매,

"일감을 가지구 너의 집에 가서 알뜰한 서방님하구 마주 앉아서 주거니 받거니 하면서 일하는 게디, 서방 버려두구 이런 델 와? 그래 조반이나 지어 먹었니?"

한다. 그래서 볏짚을 한 아름 안고 제 집으로 돌아온 것이었다.

그로부터 곰네는 집 안에서 할 수 있는 일은 제 집에서 하였다.

남의 주선으로 조그만 밭도 하나 얻어 부치게 되었다.

성례한 뒤 한동안은 곰네의 새 남편은 대문 밖에를 나가 본 일이 없었다. 대문이라야 수수깡으로 두른 울이지만 그 밖까지 발을 내놓아 본 적이 없었다. 뜰에까지도 뒷간 출입밖에는 나가 보지를 않았다. 꾹 박혀 있었다. 번번 누워서 곰네의 몸만 주물럭주물럭 어루만지고 있었다. 곰네가 하도 징그럽고 귀찮아서,

"이건 왜 이래."

하며 떼밀면, 그는 머쓱하여 손을 떼었다가도 다시 곧 그 동작을 계속

하는 것이었다.

어느 날 이 점을 어느 여인에게 하소연하였더니, 그는 씩 웃으며,

"너머 귀해 그르디. 잠자쿠 하자는 대루 하려무나. 싫을 게 있니?"

한다.

과연 차차 지내면서 보니까 그 동작이 처음에는 그렇게도 귀찮고 징그럽던 것이 어느덧 그 생각은 없어지고, 차차 멋이 들고 또 좀 뒤에는, 그런 일이 그리워지고, 만약 남편이 그러지 않으면 기다려지고 하게 되었다. 정이 차차 드는 것이었다.

곰네의 얼굴 생김은 그 이름과 같이 '곰' 같아서 완하고 왁살스럽고 둔하였다. 여자다운 데는 한 군데도 없었다. 그가 가장 기뻐서 웃을 때도 얼굴만은 성났는지 웃는지 구별을 하기 힘들 지경이었다. 그 얼굴에다가 그래도 남편을 대할 때는 저절로 만족한 웃음이 나타나고 하였는데 그의 웃음이 그의 얼굴에 어울리지 않았다.

"여보."

제법 여보 소리도 배웠다.

"숭늉 줄까, 냉수 줄까?"

"아 —— 아. 이렇게 갈할 땐 막걸리나 한 잔 있으믄 쑥 내려가갔구만."

"그럼 내 좀 얻어 오디."

종기종기 나가는 아내…….

"에 —— 에. 소질이 났는디 기침은 왜 이렇게 나누. 숨이 딱딱 막히네."

"선달네 아즈버니네 집에서 송아질 잡았다는데 한몫 들까?"

"글쎄."

허둥지둥 송아지 추렴*에 들려 나가는 아내…….

＊추렴 여러 사람이 돈이나 물건 따위를 얼마씩 나누어 냄.

"화기*가 났는디 다리가 왜 이리 저려."

"그럼 내 돼지 다리 하나 맡아 올게."

반 년 전까지는 알지도 못하던 사내에게 곰네는 온 정성을 다 바쳤다. 아버지에게 바치지 못하였던 정성, 어머니에게 바치지 못하였던 정성을 이 길가에서 주워 온 사내에게 죄 바쳤다.

이전에는 밭을 주지를 않던 소지주들도 곰네가 서방맞이를 한 뒤에는, 조금은 떼어 맡겼다. 욕심이 적은 곰네는 자기가 감당할 수 있는 이상의 논밭은 생각도 내지 않고, 자기 몫에 돌아온 것만 성심 성의로 가꾸었다. 거름도 남보다 후히 주었고 손질도 남보다 부지런히 하였다. 가을 조 이삭이 누릿누릿 익어 갈 때쯤은 곰네네 밭은 먼발로 볼지라도 남의 것보다 훨씬 충실해 보였다.

처녀 시절에는 처녀 홀몸이라고 손톱눈만한 밭 하나 못 얻어 부쳤는데 남편이랍시고 얻고 보니 그다지 힘들지 않고 밭 하나를 얻어 부치게 되었다.

마음이 오직 직하고* 근한* 곰네는 이것도 남편의 덕이라 하여 감지덕지하였다.

그렇다고 남편이 밭에 나서서 일을 하든가, 하다못해 김이라도 매는 것이 아니었다. 본시 몸이 약질로 농사를 감당치 못할 뿐더러 게으름뱅이로서 농사 같은 일은 하고자 하지도 않았다.

그 위에 곰네는 남편의 몸을 극진히 아꼈다. 저러다가 탈이라도 나면 어찌하나, 몸이라도 다치면 어찌하나, 이런 근심으로, 조금이라도 힘든 일은 애당초 남편에게 맡기지를 않았다. 게으름뱅이 남편은 맡으려 하지도 않고 슬금슬금 아내를 돌아보고 하였다. 남편이 하는 일이라고는,

---

* 화기(火氣) 가슴이 답답해지는 기운.
* 직(直)하다 마음이나 행동이 외곬으로 곧다.
* 근(勤)하다 부지런하다.

과즉 아내의 손이 미처 돌지 못하여,

"데거 좀 이리루 팡가테 주소(저것 좀 이리로 던져 주시오)."

혹은,

"나 이거 하는 동안, 요 끝을 꼭 누르고 있어요."

하는 등의 지극히 단순한 심부름뿐이었다.

곰네의 얼굴은 못생기고 또 못생겼다. 웬만한 사내 같으면 고금* 떨어진다 해서 곁에 오지도 않을 만한 추물이었다.

남편도 코 아래 눈이 두 알이나 박혔으매 아내의 얼굴이 못생긴 것쯤은 넉넉히 알 것이었다.

그러나 그는 이 아내를 버리지를 못 하였다. 이 아내를 버렸다가는 평생을 홀아비로 지낼 수밖에 다시 아내 얻을 가망이 없었다. 투전꾼(투전꾼이라 하지만 협기 있고 쾌남아형의 투전꾼이 아니요, 기신기신 투전판을 엿보다가 개평이나 얻어먹는 종류의 투전꾼이었다.)이요, 위인이 덜난 위에 게으르기 짝이 없는 그의 남편이 이십오 년간 독신 생활(아니, 총각 생활) 끝에 어쩌다가 우연히 얻어 만난 이 처녀(곰네)는 그에게 하늘이 주신 복이요, 다시 구하지 못할 금송아지라, 얼굴 생김을 탓할 처지가 못 되었다.

얼굴은 어떻게 생겼든 간에, 여인은 여인이요, 옷 지어 주고 밥 지어 먹이고 게다가 벌이(농사며 가마니, 새끼에 이르기까지)도 혼자 당해 내고 남편 되는 사람은 남편이라는 명색 하나만 띠고 지어 주는 밥 먹고, 지어 주는 옷 입고, 간간 용돈까지 주며, 펴 주는 이부자리에서 자고, 여보 소리도 들어 보고 —— 이런 상팔자는 다시 만나지 못할 것이었다.

몸이 튼튼하매 병나지 않고 얼굴이 못생겼으매 딴 사내 곁눈질할 걱정 없고 천성이 직하매 속기 잘하고 —— 나무랄 데가 없는 아내였다.

---

*고금 말라리아(학질)의 다른 이름.

군색한 데서 자랐으니 곤궁을 싫어할 줄 모르고 성내면 왁왁거리기는
하지만 뒤가 없고, 어려서부터 동리의 인심을 샀으니 부족한 물건은 융
통할 수 있고——. 흥부의 박이었다. 배를 가르니 복만 튀어나왔다.

혼인한 첫해는 풍년도 들었거니와 아내의 헌신적 노력으로, 오는 해
의 계량이 되고도 남았고, 겨울 동안에 부업이라도 하면 적지 않은 저
축도 남길 가망이 있었다.

곰네 내외의 새살림은 무사하고 평온한 가운데서 일 년이 지났다.
세상에서 손가락질 받던 남편도 일 년 동안은 꿈쩍 안 하고 근신하였
다. 지어 주는 밥 먹고, 지어 주는 옷 입고, 시키는 대로 잔말 없이 일하
고 술도 곰네가 받아다 주는 막걸리만으로 참아 왔다.

이 이삼십 호 될까 말까 하는 동리에서는 곰네네 집안은 즐거운 집안
으로 꼽혔다.

일 년 동안의 근면의 덕으로 돈도 삼사백 냥 앞섰다.

아들도 하나 생겼다.

"사람은 지내 봐야 알 거야."

"에미넬(여편넬) 얻으야 사람 한몫 된단 말이디."

"턴덩 배필*이 아니야? 그 망나니가 사람 될 줄 알았나? 에미넬 얻더
니 노상 서방 구실, 애비 구실 하느라구 씩씩거리믄성 돌아가거던."

"뭘, 에미네 잘 얻은 덕이지. 에미네 복은 있는 사람이야."

"아니야. 에미네두 그렇디. 턴덩 배필 아니구야, 그 상판대길 진저리
나서두 하루인들 마주 있을라구. 한 자리에서 코 마주 대구…… . 에,
나 같으믄 무서워서 하루두 못 살겠네. 가채서(가까이서) 보믄 가채서
볼수록 더 왁살스럽구, 솜털 구녕 하나이 대동문통만큼씩한 거이,

---

* 턴덩 배필 '천정 배필'의 사투리 발음. 하늘이 정해 준 짝.

어, 무서워."

"그래두 재미만 나서 사는 걸 어떡허나. 옛말에두 안 있소? 곰보에게 정 들이구 보니 얽은 구녕마다 복이 가득가득 찼더라구. 저 보기에 달렸디."

"그렇구말구. 아, 형님네두 그 텁석부리 뒤상(구레나룻 영감)하구 삼십 년이나 살디 않았소? 에, 퉤! 수염엔 니(이*) 안 끓었습디까?"

"에이, 요 망할 것, 남의 넝감은 왜 들추니?"

"코 풀믄 수염에 매닥질 하구, 수염 씻은 건건쩔쩔한 물을 늘 먹구. 더러워, 퉤! 퉤!"

"듣기 싫다!"

"그래두 젊었을 땐 입두 마촤 봤소?"

"요곳!"

동리의 평판이었다.

동리를 더럽히던 안 서방이 여편네를 얻은 뒤부터는 딴 사람이 된 듯이 단정해진 것도 평판되었거니와, 못생긴 처녀 곰네가 서방 맞은 뒤부터는 서방에게 반하여 남의 눈 부끄러운 줄도 모르고 맞붙어 돌아가는 양이 더 평판되었다.

얌전하고 입 무겁던 곰네가 이렇듯 말 많고 (남편 자랑이었다) 들떠 돌아갈 줄은 꿈 밖이었다. 마치 십육칠 세의 숫보기 총각 처녀가 모인 것 같았다.

노인네들의 눈에는 망측스럽게 보이리만치, 남의 눈을 기이지*를 않았다.

일 년이 지났다.

---

* 이 이목에 속하는 곤충을 통틀어 일컬음. 동물의 몸에 기생하여 피를 빨아먹음.
* 기이다 남에게 일을 알리지 않다. 남의 눈을 피하다.

또 반 년이 지났다.

정월 중순께였다.

곰네의 남편 안 서방은, 그 해의 추수를 팔러 읍으로 들어갔다. 금년도 풍년도 들었거니와, 금년은 금년 소득을 죄 팔기로 방침을 세웠다. 곰네가 서둘러 주선하여 밭도 좀더 얻어 부쳐서, 소득도 전보다 훨씬 나았거니와, 곡가도 여기와 고을과는 약간의 차이가 있었다. 여기 소득을 전부 고을에 갖다가 팔아서, 작년에 남은 것까지 합쳐서 자그마한 것이나마 제 땅을 좀 마련하고, 단경기*까지는 새끼와 가마니며 누에를 쳐서 연명을 하면 새해에는 제 땅의 소득도 얼마는 될 것이다. 농사지은 것을 전부 팔고, 다른 방도로 연명을 하자면 한동안은 곤란하겠지만, 그 한동안만 지나면 그 뒤는 훨씬 셈이 펴게 될 것이다.

이러한 몇 해만 꿀꺽 참고 지나면 몇 해 뒤에는 지주의 자세받지 않고도 제 것만 가지고도 빈약한 살림은 할 수가 있을 것이다. 그 동안에 자식도 자라면, 자작농과 소작농의 두 가지도 노력만 하면 감당할 수가 있을 것이다.

——이런 생각으로 곰네는 남편에게 자기 몫의 전부를 맡겨서 고을로 보낸 것이었다.

곰네의 꿈은 즐거웠다. 남편이 고을에 갖고 간 곡식을 마음으로 계산해 보고, 이즈음 이 근처에 팔려고 내놓은 땅의 값을 비교해 보고, 혼자서 웃고 웃고 하였다.

"애."

아직 아무것도 모르는 갓난애였다.

"우린 이제 밭 산단다. 이담에 너 크믄 다 너 줄 거야. 좋디? 네 밭에서 네가 농사하구, 네가 추수하구. 어서 커라, 아이구 내 새끼야."

---

* 단경기(端境期) 철이 바뀌어서 묵은 쌀 대신에 햅쌀이 나올 무렵을 이르는 말.

애를 붙잡고 쫄레쫄레 춤을 추며 방 안을 이리저리로 돌아다니는 것이었다. 그리고 지금 팔려고 내놓았다는 밭도, 애를 업고 그 근처를 아닌 듯이 누차 배회하였다.

여기서 고을까지가 일백이십 리——. 이틀 길이었다. 이틀 가고 하루 쉬고 이틀 돌아오노라면, 합해서 닷새가 걸릴 것이다. 어떻게 하여 하루 지체되면 엿새가 걸릴지도 모를 것이었다.

처음의 이틀, 사흘, 나흘은 몹시 초조하게 지냈다. 아직 기한이 아니니 돌아올 바는 아니지만 마음은 한량없이 초조하였다. 혹은 그 사람도 마음이 급하여 달음질쳐 가서, 하루에 득달하고, 천행 그 밤으로 흥정이 되고 이튿날 새벽에 그 곳서 떠나 당일로 돌아오면——. 이틀이면 될 것이다. 가능성 없는 이런 몽상까지도 품어 보았다.

쓸데없는 일인 줄 번히 알면서도, 돌아오는 길 쪽으로 이십여 리를 찬바람을 안고, 갓난애를 업고 마주 나가서 한나절을 기다려 보기도 하였다. 동전 한 푼이 새로운 그는 쫄쫄 굶으면서 끊어지는 듯이 아픈 등허리를 두드려 가면서 한나절을 기다렸다.

돌아올 때는, 그 헛되이 보낸 하루를 단 몇 발이라도 새끼를 꼬았던 편이 훨씬 좋았을 것이라고 후회를 하였지만, 이튿날 하루를 쉬고 (쉰대야 역시 집에서 일을 하였지만) 또 그 이튿날은 또다시 나가 보았다. 빨리 오면 이 날쯤은 올 듯도 싶었다.

그 날도 역시 헛걸음이었다. 또 그 이튿날은 정수로 따지자면 당연히 올 날이라, 곰네는 물론 또 나갔다. 시장해서 돌아올 남편을 위하여, 엿을 반 근이나 사 가지고 이른 새벽에 나갔다.

다음 동리 장마당까지 가서 기다렸다.

사람 기다리기같이 어려운 노릇은 없었다. 그새 며칠은, 안 올 줄 번히 알면서도 행여나 하여 기다렸다. 이 날은 당연히 올 날이므로 더 가슴 답답히 기다렸다.

"애 아바지가 오늘 온다우."

물동이를 이고 지나가다가 곰네의 앞에서 동이를 다시 바로 이는 여인에게 곰네는 밑도 끝도 없이 말을 붙였다.

그 여인은 물동이를 인 채로 곁눈으로 의아한 듯이 곰네를 보면서 대답도 안 하고 지나가 버렸다. 그 근처 어디 우물이 있는 양하여, 물동이 인 여인들이 연락 부절*로 그의 앞을 오고 간다. 그 매 사람에게 향하여, 곰네는 제 남편이 오늘 돌아오는 것을 자랑하고 싶었다.

야속한 해는 중천에서 서쪽으로 차차 기울었다. 기울면서 차차 바람이 일기 시작하였다. 등의 갓난애는 추운지 악을 쓰면서 울어 댄다.

"자장자장, 너 용타. 아바진 지금 말고개쯤 왔갔다. 아바지 오믄 사탕두 주구 왜떡두 주구. 자장자장, 너 용타."

연하여 등의 아이를 들추며 달래며, 왔다갔다하였다.

울고 울고 울던 끝에 갓난애는 기진하였는지, 울음을 멈추고 잠이 들었다. 그러나 이 때는 어린애 대신으로 곰네가 통곡하고 싶게 되었다.

아무리 짧은 해라 하지만 그 해도 벌써 산허리에 절반이 넘었다. 어린애를 업고 왔다갔다하는 동안, 몸집은 혹은 동편으로 혹은 서편으로 일정치 않았지만 눈만은 잠시도 북편 쪽 대로에서 떠나 본 적이 없었다. 남편이 오려면 반드시 그 길로 해서야 온다. 지름길도 없다. 곁길도 없다. 가장 가까운 단 한 가락의 길이다. 그 길에서 한때도 헛눈을 판일이 없거늘 남편은 아직 오지 않는다.

"열 번만 더 갔다 오자."

우물에서 가게까지 한 이십여 집 거리 되는 곳을, 몇백 번 왕복하였는지 모른다. 이때껏 안 온 사람이면 오늘 철로는 올 가망이 없다. 집으로 돌아갈밖에는 도리가 없었다.

＊연락 부절(連絡不絶) 왕래가 끊이지 않음.

그러나 돌아가려니 그래도 마음이 남아서, 열 번을 더 우물까지 왕복하기로 하였다.

열 번을 다 왕복하였지만 기다리는 사람은 여전히 안 나타났다. 헛왕복이었다.

"더가딤(뎀) 열 번만 더……."

열 번을 더 왕복하였다. 그리고도 아무 결과도 못 얻은 그는, 통곡하고 싶은 마음을 억제하고 얼굴을 감추고, 인젠 하릴없이 제 집으로 발을 떼었다.

남편은 이튿날도 안 돌아왔다. 또 그 이튿날도 안 돌아왔다. 나흘 만에야 돌아왔다. 동저고리 바람으로 옷고름이 통 뜯기고, 흙투성이가 되고 참담한 꼴이었다.

"아이구머니, 이게 웬일이오?"

"오다가 아찻고개에서 불한당을 만나서……."

"그래 몸이나 상한 데 없소?"

"몸은 안 상했디만, 돈은 동전 한 닢 없이 홀짝 뺏겼군."

아뜩하였다.

"몸 다틴 데 없으니 다행이디, 그래 언제 그랬소?"

"──그저께로군."

"그럼 그저께까진 어디 있었소?"

"아니, 그그저께인가?"

"그 전날은?"

"그 전날이야 고을에 있었디."

"고을은 뭘 하레 사흘 나흘씩 있었소?"

"어, 춥다."

남편은 정면으로 대답지 않고 이불을 내려 폈다.

"봉변했으믄 왜 곧 집으로 오디 않았소?"

"에이! 한잠 자야겠군."

남편은 그냥 옷을 입은 채 자리도 안 펴고 이불 아래로 들어가서 머리까지 푹 썼다.

"배고프디 않소? 찬밥밖에 밥두 없는데."

남편은 들었는지 못들었는지, 이불을 뒤집어쓰고 대답도 않는다.

곰네는 기가 막혔다. 보매 상한 데는 없는 모양이니 그 편은 마음이 놓이지만, 일 년간의 정성과 커다란 희망이 물거품으로 돌아간 것이 기가 막혔다. 이불을 뒤집어쓰고 누워 있는 남편의 곁에 갓난애를 업고 앉아서 몸을 앞뒤로 흔들면서 망연히 앉아 있었다.

지금 잃어버린 그만큼을 다시 만들려면 일 년 나마를 다시 공을 들여야 하겠고, 그러고도 풍년이 계속되고, 우환이 없고, 다른 아무 고장도 없어야 할 것이다.

그 노력도 노력이려니와 과거에 들인 공과 노력이 그렇게도 맹랑히 꺾여 나가니, 지금 같아서는 눈앞이 아득할 뿐이지, 새 용기가 생길 듯싶지도 않았다.

무심중 한숨만 기다랗게 나오고 하였다.

이 마을에는 이상한 소문 하나가 퍼졌다.

── 곰네의 남편 안 서방은 아내에게 나락을 맡아 가지고 고을로 가서 팔아서 투전을 하여 홀짝 잃어버렸다, 그러고는 집에 돌아갈 면목이 없어서 불한당을 만난 듯이 옷을 모두 찢고 험상스러운 꼴을 해 가지고 제 집으로 돌아왔다, 며칠을 앓는 시늉까지 하였다. ── 이런 소문이었다.

그러나 하도 작고 다른 데로 통할 길이 없는 마을이라 서로 쉬쉬하여, 그 소문은 곰네의 귀에까지는 안 들어갔다.

이런 소문은 있건 말건, 춘경기에는 또 금년의 생활을 위하여, 곰네는 남편을 독촉하여 벌에 나섰다. 금년 봄에는 빈약하나마 자터 약간을 장만하려던 것이 꿈으로 돌아간 것이 기막히기는 하나, 작년의 실패를 금년에 회수할 생각으로 더욱 용기를 돋워 가지고 나선 것이었다.

저 밭을 사리라. —— 찬바람을 무릅쓰고 갓난애를 업고 몇 번을 돌본 그 밭을 먼발로 바라볼 때에 입맛이 썼다. 금년은 꼭 그보다 나은 땅을 장만하고야 말겠다고 스스로 굳은 힘을 썼다.

그러나 이 봄부터 남편의 태도가 좀 다른 데가 보였다.

일터에서 일을 하다가라도 틈을 엿보아 몰래 빠져나간다. 빠져나갔다가 한참 있다가 몰래 돌아오는데, 돌아와서는 슬슬 피하지만 가까이서 맡으면 약간 술냄새가 나고 하였다.

"어디 갔댔소?"

아내가 이렇게 물으면, 남편은,

"너머 졸려서 수수밭 고랑에서 한잠 잤군."

하면서 사뭇 졸린다는 듯이 기지개를 하고 하였다.

그런 일이 여러 번 있었다.

남을 의심할 줄 모르는 곰네도 마지막에는 종내 의심을 품지 않을 수가 없었다.

어떤 날, —— 이 날은 꼭 잡으리라 하고 눈치만 엿보고 있었다. 아니나 다를까 한참 엿보니까, 슬금슬금 눈치를 보다가 밭고랑 속으로 몸을 감춰 버린다.

고랑으로 숨어서 가는 남편을 곰네는 먼발로 뒤를 밟았다. 남편은 밭들을 다 지나서 마을 어귀까지 이르러서는 한 번 뒤를 돌아본 뒤에 어떤 술집으로 들어가 버린다. 곰네는 쫓아갔다. 울 뒤로 돌아가면 뒤뜰이 있다. 곰네는 뒤뜰로 돌아가서 낟가리* 뒤에 숨어서 엿들었다.

---

* 낟가리 낟알이 붙은 볏단이나 보릿단 따위를 쌓아올린 더미.

방 안에서는 상을 갖다 놓는 소리며 술잔 소리도 들렸다. 부어라 먹어라가 시작되는 모양이었다. 그 가운데는 계집의 소리도 섞여 있었다.

곰네는 좀 나섰다. 안의 소리도 좀 듣고 싶었다. 그 때 마침 사내의 소리로,

"떡돌에 눈 코 그린 거, 알아 있니?"

계집의 소리로——,

"그만두소. 안상 성나갔소."

사내 소리로——,

"이 자식아. 거기다가 아일 만들 생각이 나든?"

계집의 소리로——,

"방상은 눈 뜨구 잡디까? 눈 감구야 곱구 미운 걸 아나? 눈 감구라두 아이만 만들었으믄 됐디."

곰네는 더 참을 수가 없었다. 직한 사람은 노염도 더 크다. 잠든 애를 짚 위에 가만히 내려놓았다. 양팔을 높이 걷었다. 다음 순간 문을 박차면서 안으로 뛰어들었다.

들어서는 발 앞에 계집이 있었다. 계집의 머리채를 왼손으로 움켜잡았다. 그 곁에 남편이 있었다. 오른손으로 남편의 멱을 잡았다. 다른 사내는 문을 차고 도망쳤다.

"이놈의 엠나이. 뭐이 어쩌구 어째!"

계집의 머리채를 움켜잡아 가지고 그것으로 남편의 이마를 받았다. 그러고는 남편의 머리를 잡아 계집의 면상을 받았다.

"그래 떡돌에 맞아 봐라!"

이름 맞추 곰같이 성난 그는 곰같이 좌충 우돌하였다. 약골의 남편, 술장사 계집, 모두가 이 성난 곰을 당할 수가 없었다.

"여보 마누라, 마누라!"

"내가 떡돌이디 왜 마누라야!"

"내야 언제 그럽디까. 여보 마누라!"

여보 마누라라 불리는 것은 곰네의 생전 처음이었다. 성난 가운데 반가웠다.

"내가 떡돌이믄 넌 떡메가?"

"여보 마누라! 내가 언제 그럽디까. 내가 우리 마누랄 왜 험굴 할까?"

"방금 한 건 뭐이구?"

그러나 곰의 울뚝밸*은 벌써 적지 않게 삭은 때였다.

"마누라. 내가 하두 목이 텁텁해서 막걸리라두 한 잔 할라구 왔더니 그 망할 놈들이 그런 소릴 하는구만. 나두 분해서 그놈들하구 한 판 해 볼래는데 마누라 잘 왔소. 어, 내 속이 시원하군!"

"흥! 이 엠나이 매 맞은게 알끈하디!"

"그게 무슨 소리라구 그냥 한담. 자 갑시다. 우리 당손이*는 어디 있소?"

—— 이리하여 내외는 그 집에서 나왔다.

그 날은 무사히 평온하게 일이 끝장 지었다.

그러나 남편의 못된 버릇은 좀체 고쳐지지 않았다. 본시 곰네와 만나기 전에부터 깊이 젖었던 버릇이었다. 곰네와 만난 뒤 한동안은 스스로 근신함인지 혹은 새 아내를 맞은 체면상 억지로 참음인지 또는 새 아내가 무서워서 그만둠인지, 한동안은 못된 데 다니는 버릇이 없어졌다. 그렇던 것이 곡식을 팔러 고을에 들어간 때 우연히 또다시 접촉하기 시작해서, 그 뒤에는 집에 돌아와서도 틈틈이 아내의 눈을 기이면서 그 방면으로 다녔다.

한 번 술집에서 들켜서 큰 소란을 일으키고 아내를 달래서 집으로 돌아오면서도, 아내를 속여서 자기는 누구 만날 사람이 있으니 잠깐 돌아

---

* 울뚝밸 화를 벌컥 내어 언행을 함부로 우악스럽게 하는 성미.
* 당손이 '장손(長孫)'의 사투리 발음.

가겠다고 아내만 돌려 보내고 자기는 술집으로 다시 돌아섰던 것이다.

그 뒤에도 돈만 생기든가, 안 생기면 아내의 주머니를 뒤져서까지라도, 틈틈이 그 방면으로 다녔다. 그것으로 아내와 싸우기도 수없이 싸웠고, 기력이 약한 그는 싸울 때마다 아내에게 눌려서 숨을 허덕거리며 다시는 쇠아들 치고 그런 데 안 다니마고 맹세하고 하였지만 그 맹세를 하면서도, 어디 비어져 나갈 기회나 틈새를 생각하는 그였다.

그들의 살림은 나날이 빈약해 가고 나날이 영락되어 갔다.

못된 곳에 출입하는 도수가 잦아지면서 남편은 일손을 다시 잡지 않았다. 못된 데 출입하는지라 돈의 쓸 데가 더 많아진 그는, 어떤 때는 아내를 달래고 어떤 때는 속이고 어떤 때는 싸우고 어떤 때는 훔치기까지 해서 제 용돈을 썼다.

아내는 살을 깎고 뼈를 갈아 가면서 일했다. 남편이 다시 일터에 나서지 않는지라 남편의 노력까지 저 혼자서 맡아서 하였다. 푼푼이 돈이 앞설 때도 있었다.

남편만 없으면 좀 앞세워 놓고 살아갈 수도 있었다. 그러나 돈에 대한 불가사리 남편이 등 뒤에 달려 있는지라, 어쩔 도리가 없었다. 마음이 왈왈하고도 직한 곰네는, 아무리 남편을 밉다 보고 다시는 그의 말을 안 믿으리라 굳게 결심하지만 남편이 들어와서 그의 등을 쓰다듬으며, 양간한 소리로 여보 마누라, 마누라 하면, 그의 굳게 먹었던 결심도 봄날 눈과 같이 사라지고 마는 것이었다. 그리고, 깊이 감추었던 주머니를 꺼내어 남편 마음대로 쓰라고 내맡기는 것이었다.

"내가 민해."

남편이 나간 뒤에 텅 빈 주머니를 만져 보며 스스로 후회하고, 다시는 안 속으리라고 또다시 결심하지만, 그 결심할 때조차, 이 결심이 끝끝내 버티어질지 못 질지 스스로 자신이 없었다.

어떤 날, 곰네는 고을 장에 갔다. 언제든 그는 장에 갈 때는 조떡을 만들어 가지고 가서 그것으로 요기를 하는 것이었다.

그 날도 집에서 남편이 하도 조르므로 돈 이 원을 주고 나선 것이었다. 주기는 했지만 장에까지 와서 보니 아까웠다. 자기는 십오 전어치 떡을 사먹기가 아까워서 집에서부터 조떡을 만들어 가지고 오고, 목이 메는 조떡을 물 한 방울 없이 먹는데, 남편은 좋다꾸나 하고 흥청히 술만 먹고 있을 생각을 하니 자기가 아끼는 것이 어리석고 헛일 같았다.

시장하여 보따리를 펴고 조떡을 꺼내었다. 목이 메고 텁텁한 위에 속조차 심난하여 먹기 싫은 것을 장난삼아 한 입 두 입 먹고 있노라니까, 무엇이 곁에서 종알종알한다. 그 쪽으로 돌아보니 여나믄 살쯤 난 사내애가 하나 자기더러 무엇을 청구하는 것이었다.

"무얼?"

"나 떡 하나."

조떡을 하나 달라는 것이었다. 곰네는 어차피 자기는 먹기 싫은 위에 그 애가 매우 시장해 보이므로 큼직한 것 두 덩이를 주었다. 그랬더니 그 애는 단숨에 두 개를 다 먹었다.

"또 하나 달란?"

그 애는 머리를 끄덕끄덕하였다. 또 두 개를 내주었다. 그 애는 하나는 단숨에 또 먹었지만, 나머지 한 개는 절반만큼 먹고는 더 못 먹겠는지 멈추고 만다.

"더 먹으렴."

"아이 배불러."

"너 조반 못 먹었니?"

그 애는 머리를 끄덕였다.

"왜? 오마니가 안 해 주든?"

"오마닌 죽었어."

"가엾어라. 아바지두 없구?"

"아바진 술만 먹다가 어디 갔는지 나가구 말았어. 나 혼자야."

곰네는 가슴이 뭉클하였다. 등에서 쌕쌕 잠자는 아이를 황급히 앞으로 돌려 안았다. 머리를 숙였다. 자기의 머리로 사랑하는 아이의 **뺨**을 문질렀다.

아버지라는 사람은 아이에게는 남이로구나. 술값 이 원은 아깝지 않되 어린애 사탕 값 일 전은 아끼는 자기의 남편…….

내가 살아야겠다. 내가 살아야 이 아이가 산다. 어떤 일이 있든 어떤 곤경이 있든 결단코 넘어져서는 안 된다. 내가 넘어지면 이 아이까지도 아울러 넘어진다!

"야, 당손아. 너 뭘 가지고 싶으니. 뭘 먹고 싶으니. 아무게나 네 마음에 있는 걸 말해라."

잠자는 아이였다. 잠자는 아이를 깨워서 그 **뺨**을 비벼 대며 물었다.

어린애는 깨면서 제 눈 딱 맞은편에 어머니의 얼굴이 있는 것을 보고 안심한 듯이 기다랗게 기지개를 한다.

"얘."

곰네는 거지 아이를 돌아보았다.

"너두 엄마 아빠 다 없으니 오죽 궁진하구 출출하겠니? 나하구 가자. 내 너 먹구픈 거 가지구픈 거 다 사 줄게 이리 오나라."

자기의 아들은 앞으로 돌려 안아 그 부드러운 **뺨**에 자기의 **뺨**을 비벼 대며, 거지 아이를 달고 시장 쪽으로 향하여 갔다.

부록

작가와 작품 스터디

● 김동인 (1900~1951, 호는 금동 · 춘사)

 김동인은 평안 남도 평양에서 태어났다. 1914년 일본으로 건너가 도쿄 메이지 학원과 가와바타 미술 학교에서 공부했다. 1919년, 도쿄에서 주요한, 전영택, 김환 등과 우리 나라 최초의 문예 동인지인 〈창조〉를 창간하여, 거기에 첫 단편 소설 〈약한 자의 슬픔〉을 발표했다.

귀국 후에는 본격적인 작품 활동에 들어가, 〈목숨〉, 〈배따라기〉, 〈명문〉, 〈감자〉 등의 뛰어난 작품을 잇따라 발표했다. 그는 당시 이광수 등이 추구했던 계몽주의적인 경향의 작품들을 비판하고, 문학의 예술성과 순수성을 추구하고자 노력했다. 때문에 이상적인 주인공이 등장하는 계몽주의 소설과는 달리, 그의 소설 속에 등장하는 주인공들은 비열하고 추악한 인간의 본성을 그대로 드러내고 있다.

한때 사업과 결혼에 실패하고 방탕한 생활을 했으나, 다시 창작에 힘써 1929년 최초의 장편 역사 소설 〈젊은 그들〉을 〈동아 일보〉에 연재했다. 또, 장편 〈대평행〉을 〈중외 일보〉에 연재하는 한편, 〈근대 소설고〉를 발표하면서 그의 문학 세계는 그 깊이와 폭을 더해 갔다.

1930년대 초에는 〈광염 소나타〉, 〈광화사〉, 〈발가락이 닮았다〉, 〈붉은 산〉, 〈적막한 저녁〉과 같은 역작을 발표했으며, 1934년에는 유명한 평론집 〈춘원 연구〉를 내놓았다.

광복 후 1946년, 새로운 결심으로 장편 〈을지문덕〉을 연재하다가 뇌막염으로 중단했고, 6 · 25 전쟁 중 가족이 피난간 사이에 사망했다.

김동인은 자연주의 문학을 확립하고, 본격적인 단편 소설의 기반을 세워, 우리 나라 신문학사상 가장 선구적인 소설가의 한 사람으로 꼽히고 있다. 그의 문학과 업적을 기리기 위하여 '동인 문학상'이 제정되었다.

● **발가락이 닮았다** M은 젊은 시절 내내 방탕한 생활을 하다가 여러 번 몹쓸 병에 걸려, 아이를 만드는 능력을 잃고 말았다. 그러던 M이 느닷없이 결혼을 했고, 어느 날 그의 부인은 덜컥 임신을 한다. 아이가 태어나자, M은 아이의 발가락이 자기와 닮았다며, 애써 자신이 처한 모순된 상황으로부터 벗어나려고 한다. 이 작품은 실낱 같은 희망을 부여잡고 버둥거리는, 절망에 빠진 한 인간의 안타까운 내면이 잘 묘사되어 있다.

● **왕부의 낙조** 고려의 공민왕은 사랑하는 아내 노국 공주가 죽자, 깊은 실의에 빠져 편조(신돈)라는 중에게 모든 정치를 맡겨 버렸다. 그러던 어느 날, 편조는 모함을 받아 사형에 처해지고, 그 뒤 마음 둘 곳이 없어진 왕은 점점 미치광이로 변해 가다가 결국 최만생과 홍륜에게 시해당하고 만다. 이 작품은 역사적인 사실을 바탕으로 하여 쓰여진 것으로, 기울어 가는 고려 말기의 상황을 현실감 있게 다루고 있다.

● **전제자** 남편을 잃은 순애는 남동생의 집에 얹혀 살고 있다. 어려서는 아버지의 학대를 당하고, 결혼해서는 남모르게 남편에게 수모를 당해 왔던 그녀는, 이제 동생에게마저 구박을 받자 칼로 가슴을 찔러 자살하고 만다. 이 작품에는 잔혹하고 비정하기 이를 데 없는 남성, 그리고 그러한 남성으로부터 줄곧 학대받지만 결국은 모든 것을 용서하는 여성의 어머니처럼 너그럽고 따뜻한 가슴이 그려져 있다.

● **태형** '나'는 만세 운동으로 감옥에 갇혀 역겨운 냄새, 종기, 옴 등에 시달린다. 내가 바라는 것은 조국의 독립처럼 거창한 것이 아니요, 오직 맑은 공기를 마시며 두 다리 뻗고 편히 자는 것이다. 그런 나는 태형 90대를 선고받은 70대의 노인이 공소를 했다는 말을 듣고는, '당신이 나가면 자리가 넓어질 것'이라며 윽박지른다. 〈태형〉은 극한 상황에 처한 인간이 얼마나 비열하고 추악해질 수 있는지를 잘 보여 주는 작품이다.

논술 가이드

〈발가락이 닮았다〉의 두 대목입니다. 제시문을 읽고 다음 문제에 답하시오.
[문항 1]

> 그리고 그 좌석에 있던 스무 살쯤 난 젊은이가,
> "외려 일생을 자식 없이 지내면 편치 않아요?"
> 이러한 의견을 내는 데 대하여 '젊은이로서는 도저히 이해할 수 없는 혈족의 애정' 이라는 문제와 그 문제를 너무도 무시하는 요즘의 풍조에 대한 논평으로 말머리를 돌려 버리고 말았습니다.

> M이 보라고 내놓은 어린애의 발가락은 안 보고, 오히려 얼굴만 한참 들여다보고 있다가, 나는 마침내 이렇게 말하였습니다.
> "발가락뿐 아니라, 얼굴도 닮은 데가 있네."
> 그리고 나의 얼굴로 날아오는 (의혹과 희망이 섞인) 그의 눈을 피하면서 돌아앉았습니다.

(1) 첫번째 글에는 자녀 낳기를 꺼리는 젊은이의 발언과 이를 나무라는 '나'의 의견이 담겨 있습니다. 요즘의 젊은 부부들은 여러 가지 이유로 자녀 낳기를 꺼리고 있는데, 이에 대한 자신의 생각을 서술해 봅시다.

------

(2) 두 번째 글은 이 작품의 마지막 부분입니다. '내'가 한 '선의의 거짓말'은 과연 바람직한 것이었는지, 자신의 의견을 말해 봅시다.

〈왕부의 낙조〉의 한 대목입니다. 제시문을 읽고 다음 문제에 답하시오.
[문항 2]

> 왕은 이제 공주 입토한 뒤에 편조의 반혼법으로 공주를 다시 볼 수 있다는 이 단 한 가지의 희망으로 쓸쓸한 삶을 그냥 계속하였다.
>
> 이월에서 삼월 사월, 날이 차차 따스해 감을 따라서 공주의 재궁에서도 차차 냄새가 괴악하여 갔다. 밖에서 갑자기 빈전에 들어오는 사람은 한순간 숨이 딱 막힐 만치 냄새가 괴악하였다. 이 냄새를 감추기 위하여 눈이 쓰라리도록 향을 피웠지만, 인위적인 향내가 그 냄새를 감출 수가 없었다.
>
> 아무리 이 방에 젖은 왕의 코도 이 냄새를 맡았다. 그러나 이 냄새조차 왕에게는 눈물을 자아내는 향내였다. 이것이 공주의 몸이 썩느라고 나는 냄새거니 하면, 이 냄새가 밖으로 나가서 대공에 헤어지는 것이 아까웠다.

(1) 사랑하는 왕비를 잃은 공민왕은 깊은 실의에 빠져 폐인처럼 지냅니다. 여러분도 소중한 사람이나 애완 동물, 혹은 무척 아끼던 물건 등을 잃은 경험이 있나요? 그 때 어떠한 느낌이 들었는지, 자신의 경험을 이야기해 봅시다.

----

(2) 여러 자료를 찾아, 공민왕 이후의 고려 역사와 신돈의 행적을 조사하여 간추려 봅시다.

첫번째 글은 〈전제자〉의 한 대목이고, 두 번째 글은 오 헨리가 쓴 〈경관과 찬송가〉라는 작품의 줄거리입니다. 제시문을 읽고 다음 문제에 답하시오.

[문항 3]

> 전제자 ——. 한참 뒤에 그가 겨우 얻은 해답은 이것이다. 일곱 색의 얽힌 실은 다 풀리지는 않았으나, 대부분은 이 한 구로 풀어졌다. 가정의 폭군 S를 두고 봐라. 아버지를 두고 봐라. P를 두고 봐라. 내가 아는 남자를 다 두고 봐라. 남자란 가정의 전제자 아니고 무어냐.

> 추운 겨울이 되어 살 길이 막막해진 부랑자 소피는 교도소에 들어가기로 결심했다. 그래서 남의 물건을 훔치고, 경관 코앞에서 여인을 희롱하는 등 온갖 노력을 하지만 체포되지 않는다. 저녁 무렵, 찬송가 소리에 이끌려 우연히 성당에 들어가게 된 그는, 지나간 생애를 돌아보며 눈물로 죄를 뉘우친다. 그리고는 내일부터 땀흘려 열심히 살기로 결심하고 성당 밖으로 나왔지만, 마침 지나가던 경관이 그를 부랑자라고 체포하여 석 달의 징역을 선고받는다.

(1) 첫번째 글에서도 알 수 있듯이 순애는 남성들의 학대로 고통받지만, 적극적으로 이를 극복해 나가지는 못했습니다. 어떻게 하면 그녀가 이 문제를 극복하고 좀더 행복한 삶을 누릴 수 있을 것인지, 자신의 의견을 서술해 봅시다.

----

(2) 〈전제자〉의 결론 부분은, 미국의 작가 오 헨리가 쓴 〈경관과 찬송가〉의 결론 부분과 비슷한 점을 가지고 있습니다. 두 작품의 결론에서 이끌어 낼 수 있는 공통점은 무엇인가요?

〈태형〉의 두 대목입니다. 제시문을 읽고 다음 문제에 답하시오.

[문항 4]

> 그러나 그의 말을 들은 뒤의 내 성도 그에게 지지를 않았다.
> "여보! 시끄럽소. 노망했소? 당신은 당신이 죽겠다구 걱정하지만, 그래 당신만 사람이란 말이오? 이 방 사십여 명이 당신 하나 나가면 그만큼 자리가 넓어지는 건 생각지 않소? 아들 둘 다 총에 맞아 죽은 다음에 뒤상(늙은이) 하나 살아 있으면 무얼 해? 여보!"

> 무거운 공기와 더위에 괴로움 받고 학대 받아서, 조그맣게 두개골 속에 웅크리고 있는 그들의 피곤한 뇌에 다만 한 가지의 바람이 있다 하면, 그것은 냉수 한 모금이었다. 나라를 팔고 고향을 팔고 친척을 팔고 또는 뒤에 이를 모든 행복을 희생하여서라도 바꿀 값이 있는 것이 냉수 한 모금밖에는 없었다.

(1) 첫번째 글은 '내'가, 태형을 선고받은 70대 노인을 향해 던지는 말로, 인간의 내면에 숨겨진 본성을 잘 드러내는 부분입니다. 더는 참을 수 없는 괴로운 상황에 몰리게 되면, 인간은 어떤 행동을 하게 되는지 생각해 봅시다.

----

(2) 자유란 더없이 소중한 것이지만, 많은 사람들이 그것의 가치를 잊고 살아갈 때가 많습니다. 우리에게 주어진 이 온전한 자유를 누리는 가장 바람직한 태도는 무엇일까요?

〈베스트 논술 한국대표문학〉(전60권) 목록

권별	작품	작가
1	무정 I	이광수
2	무정 II	이광수
3	무명 · 꿈 · 옥수수 · 할멈	이광수
4	감자 · 시골 황 서방 · 광화사 · 붉은 산 · 김연실전 외	김동인
5	발가락이 닮았다 · 왕부의 낙조 · 전제자 · 명문 외	김동인
6	배따라기 · 약한 자의 슬픔 · 광염 소나타 외	김동인
7	B사감과 러브레터 · 서투른 도적 · 술 권하는 사회 · 빈처 외	현진건
8	운수 좋은 날 · 까막잡기 · 연애의 청산 · 정조와 약가 외	현진건
9	벙어리 삼룡이 · 뽕 · 젊은이의 시절 · 행랑 자식 외	나도향
10	물레방아 · 꿈 · 계집 하인 · 별을 안거든 우지나 말 걸 외	나도향
11	상록수 I	심훈
12	상록수 II	심훈
13	탈춤 · 황공의 최후 / 적빈 · 꺼래이 · 혼명에서 외	심훈 / 백신애
14	태평 천하	채만식
15	레디메이드 인생 · 순공 있는 일요일 · 쑥국새 외	채만식
16	명일 · 미스터 방 · 민족의 죄인 · 병이 낫거든 외	채만식
17	동백꽃 · 산골 나그네 · 노다지 · 총각과 맹꽁이 외	김유정
18	금 따는 콩밭 · 봄봄 · 따라지 · 소낙비 · 만무방 외	김유정
19	백치 아다다 · 마부 · 병풍에 그린 닭이 · 신기루 외	계용묵
20	표본실의 청개구리 · 두 파산 · 이사 외 / 모범 경작생	염상섭 / 박영준
21	탈출기 · 홍염 · 고국 · 그믐밤 · 폭군 · 박돌의 죽음 외	최서해
22	메밀꽃 필 무렵 · 낙엽기 · 돈 · 석류 · 들 · 수탉 외	이효석
23	분녀 · 개살구 · 산 · 오리온과 능금 · 가을과 산양 외	이효석
24	무녀도 · 역마 · 까치 소리 · 화랑의 후예 · 등신불 외	김동리
25	하수도 공사 / 지맥 / 그 날의 햇빛은 · 갈가마귀 그 소리	박화성 / 최정희 / 손소희
26	지하촌 · 소금 · 원고료 이백 원 외 / 경희	강경애 / 나혜석
27	제3인간형 / 제일과 제일장 외 / 사랑 손님과 어머니 외	안수길 / 이무영 / 주요섭
28	날개 · 오감도 · 지주 회시 · 환시기 · 실화 · 권태 외	이상
29	봉별기 · 종생기 · 조춘점묘 · 지도의 암실 · 추등잡필	이상
30	화수분 외 / 김 강사와 T교수 · 창랑 정기 / 성황당	전영택 / 유진오 / 정비석

권별	작품	작가
31	민촌 / 해방 전후 · 달밤 외 / 과도기 · 강아지	이기영 / 이태준 / 한설야
32	소설가 구보씨의 일일 / 장삼이사 · 비오는 길 / 석공 조합 대표 / 낙동강 · 농촌 사람들 · 저기압	박태원 / 최명익 송영 / 조명희
33	모래톱 이야기 · 사하촌 외 / 갯마을 / 혈맥 / 전황당인보기	김정한 / 오영수 / 김영수 / 정한숙
34	바비도 외 / 요한 시집 / 젊은 느티나무 외 / 실비명 외	김성한 / 장용학 / 강신재 / 김이석
35	잉여 인간 / 불꽃 / 꺼삐딴 리 · 사수 / 연기된 재판	손창섭 / 선우휘 / 전광용 / 유주현
36	탈향 외 / 수난 이대 외 / 유예 / 오발탄 외 / 4월의 끝	이호철/ 하근찬/ 오상원/ 이범선/ 한수산
37	총독의 소리 / 유형의 땅 / 세례 요한의 돌	최인훈 / 조정래 / 정을병
38	어둠의 혼 / 개미귀신 / 무진 기행 · 서울 1964년 겨울 외	김원일 / 이외수 / 김승옥
39	뫼비우스의 띠 / 악령 / 식구 관촌 수필 / 기억 속의 들꽃 / 젊은 날의 초상	조세희 / 김주영 / 박범신 이문구 / 윤흥길 / 이문열
40	김소월 시집	김소월
41	윤동주 시집	윤동주
42	한용운 시집	한용운
43	한국 고전 시가와 수필	유리왕 외
44	한국 대표 수필선	김진섭 외
45	한국 대표 시조선	이규보 외
46	한국 대표 시선	최남선 외
47	혈의 누 · 모란봉	이인직
48	귀의 성	이인직
49	금수 회의록 · 공진회 / 추월색	안국선 / 최찬식
50	자유종 · 구마검 / 애국부인전 / 꿈하늘	이해조 / 장지연 / 신채호
51	삼국유사	일연
52	금오신화 / 홍길동전 / 임진록	김시습 / 허균 / 작자 미상
53	인현왕후전 / 계축일기	작자 미상
54	난중일기	이순신
55	흥부전 / 장화홍련전 / 토끼전 / 배비장전	작자 미상
56	춘향전 / 심청전 / 박씨전	작자 미상
57	구운몽 · 사씨 남정기	김만중
58	한중록	혜경궁 홍씨
59	열하일기	박지원
60	목민심서	정약용

〈베스트 논술 한국대표문학〉에 실린 소설과 교과서 대조표

* 〈베스트 논술 한국대표문학〉에 실린 소설과 현행 국어 · 문학 18종 교과서의 수록 내용을 비교 · 분석하였다.

● 초등 학교 교과서(국어)

> 금오신화, 구운몽, 심청전,
> 흥부전, 토끼전, 박씨전,
> 장화홍련전, 홍길동전

● 국정 교과서

작품	작가	교과목
고향	현진건	고등 학교 문법
동백꽃	김유정	중학교 국어 2-1, 중학교 국어 3-1
벙어리 삼룡이	나도향	중학교 국어 1-1
봄봄	김유정	고등 학교 국어(상)
사랑 손님과 어머니	주요섭	중학교 국어 2-1
오발탄	이범선	중학교 국어 3-1
운수 좋은 날	현진건	중학교 국어 3-1

● 고등 학교 문학 교과서

작품	작품	출판사
감자	김동인	교학, 지학, 디딤돌, 상문
갯마을	오영수	문원, 형설
고향	현진건	두산, 지학, 청문, 중앙, 교학, 문원, 민중, 블랙, 디딤돌
관촌 수필	이문구	지학, 문원, 블랙
광염 소나타	김동인	천재, 태성

금 따는 콩밭	김유정	중앙
금수회의록	안국선	지학, 문원, 블랙, 교학, 대한, 태성, 청문, 디딤돌
김 강사와 T교수	유진오	중앙
까마귀	이태준	민중
꺼삐딴 리	전광용	지학, 중앙, 두산, 블랙, 디딤돌, 천재, 케이스
날개	이상	문원, 교학, 중앙, 민중, 천재, 형설, 청문, 태성, 케이스
논 이야기	채만식	두산, 상문, 중앙, 교학
닳아지는 살들	이호철	천재, 청문
동백꽃	김유정	금성, 두산, 블랙, 교학, 상문, 중앙, 지학, 태성, 형설, 디딤돌, 케이스
두 파산	염상섭	문원, 상문, 천재, 교학
등신불	김동리	중앙, 두산
만무방	김유정	민중, 천재, 두산
메밀꽃 필 무렵	이효석	금성, 상문, 중앙, 교학, 문원, 민중, 블랙, 디딤돌, 지학, 청문, 천재, 케이스
모래톱 이야기	김정한	디딤돌, 교학, 문원
모범경작생	박영준	중앙
뫼비우스의 띠	조세희	두산, 블랙
무녀도	김동리	천재, 지학, 청문, 금성, 문원, 민중, 케이스

작품	작가	출판사
무정	이광수	디딤돌, 금성, 두산, 교학, 한교
무진기행	김승옥	두산, 천재, 태성, 교학, 문원, 민중, 케이스
바비도	김성한	민중, 상문
배따라기	김동인	상문, 형설, 중앙
벙어리 삼룡이	나도향	민중
복덕방	이태준	블랙, 교학
봄봄	김유정	디딤돌, 문원
붉은 산	김동인	중앙
B사감과 러브레터	현진건	교학
사랑 손님과 어머니	주요섭	중앙, 디딤돌, 민중, 상문
사수	전광용	두산
사하촌	김정한	중앙, 문원, 민중
산	이효석	문원, 형설
서울, 1964년 겨울	김승옥	문원, 블랙, 천재, 교학, 지학, 중앙
성황당	정비석	형설
소설가 구보씨의 일일	박태원	중앙, 천재, 교학, 대한, 형설, 문원, 민중
수난 이대	하근찬	교학, 지학, 중앙, 문원, 민중, 디딤돌, 케이스
애국부인전	장지연	지학, 한교
어둠의 혼	김원일	천재
역마	김동리	교학, 두산, 천재, 태성, 형설, 상문, 디딤돌

작품	작가	출판사
역사	김승옥	중앙
오발탄	이범선	교학, 중앙, 금성, 두산
요한 시집	장용학	교학
운수 좋은 날	현진건	금성, 문원, 천재, 지학, 민중, 두산, 디딤돌, 케이스
유예	오상원	블랙, 천재, 중앙, 교학, 디딤돌, 민중
자유종	이해조	지학, 한교
장삼이사	최명익	천재
전황당인보기	정한숙	중앙
젊은 날의 초상	이문열	지학
젊은 느티나무	강신재	블랙, 중앙, 문원, 상문
제일과 제일장	이무영	중앙
치숙	채만식	문원, 청문, 중앙, 민중, 상문, 케이스
탈출기	최서해	형설, 두산, 민중
탈향	이호철	케이스
태평 천하	채만식	지학, 금성, 블랙, 교학, 형설, 태성, 디딤돌
표본실의 청개구리	염상섭	금성
학마을 사람들	이범선	민중
할머니의 죽음	현진건	중앙
해방 전후	이태준	천재
혈의 누	이인직	천재, 금성, 민중, 교학, 태성, 청문
홍염	최서해	상문, 지학, 금성, 두산, 케이스
화수분	전영택	태성, 중앙, 디딤돌, 블랙

〈베스트 논술 한국대표문학〉에 실린 시와 교과서 대조표

* 〈베스트 논술 한국대표문학〉에 실린 시와 현행 국어 · 문학 18종 교과서의 수록 내용을 비교 · 분석하였다.

작품	작가	출판사	작품	작가	출판사
가는 길	김소월	지학, 블랙, 민중	남으로 창을 내겠소	김상용	지학, 한교, 상문
가을의 기도	김현승	블랙	내 마음은	김동명	중앙, 상문
겨울 바다	김남조	지학	내 마음을 아실 이	김영랑	한교
고향	백석	형설	농무	신경림	지학, 디딤, 금성, 블랙, 교학, 형설, 청문
국경의 밤	김동환	지학, 천재, 금성, 블랙, 태성	누가 하늘을 보았다 하는가	신동엽	두산
국화 옆에서	서정주	민중	눈길	고은	문원
귀천	천상병	지학, 디딤돌	님의 침묵	한용운	지학, 천재, 두산, 교학, 민중, 한교, 태성, 디딤돌
귀촉도	서정주	지학	떠나가는 배	박용철	지학, 한교
그 날이 오면	심훈	지학, 블랙, 교학, 중앙	머슴 대길이	고은	디딤돌, 천재
그대들 돌아오시니	정지용	두산	먼 후일	김소월	청문
그 먼 나라를 알으십니까	신석정	교학, 대한	모란이 피기까지는	김영랑	지학, 천재, 금성, 형설
껍데기는 가라	신동엽	지학, 천재, 금성, 블랙, 교학, 한교, 상문, 형설, 청문	목계 장터	신경림	문원, 한교, 청문
꽃	김춘수	금성, 문원, 교학, 중앙, 형설	목마와 숙녀	박인환	민중
			바다와 나비	김기림	금성, 블랙, 한교, 대한, 형설
끝없는 강물이 흐르네	김영랑	디딤, 교학	바위	유치환	금성, 문원, 중앙, 한교
나그네	박목월	천재, 블랙, 중앙, 한교	별 헤는 밤	윤동주	문원, 민중
나룻배와 행인	한용운	문원, 블랙, 대한, 형설	봄은 간다	김억	한교, 교학
남신의주 유동 박시봉방	백석	지학, 두산, 상문	봄은 고양이로다	이장희	블랙

작품	작가	출판사
불놀이	주요한	금성, 형설
빼앗긴 들에도 봄은 오는가	이상화	지학, 천재, 문원, 블랙, 디딤돌, 중앙
산 너머 남촌에는	김동환	천재, 블랙, 민중
산유화	김소월	두산, 민중
살아 있는 것이 있다면	박인환	대한, 교학
살아 있는 날은	이해인	교학
생명의 서	유치환	한교, 대한
샤갈의 마을에 내리는 눈	김춘수	지학, 블랙, 태성
서시	윤동주	디딤돌, 민중
설일	김남조	교학
성묘	고은	교학
성북동 비둘기	김광섭	지학
쉽게 씌어진 시	윤동주	지학, 디딤돌, 중앙
승무	조지훈	지학, 디딤돌, 금성
알 수 없어요	한용운	중앙, 대한
어서 너는 오너라	박두진	디딤돌, 금성, 한교, 교학
오감도	이상	디딤돌, 대한
와사등	김광균	민중
우리가 물이 되어	강은교	지학, 문원, 교학, 형설, 청문, 디딤돌
우리 오빠의 화로	임화	디딤돌, 대한
울음이 타는 가을 강	박재삼	지학, 교학
자수	허영자	교학

작품	작가	출판사
자화상	노천명	민중
절정	이육사	지학, 천재, 금성, 두산, 문원, 블랙, 교학, 태성, 청문, 디딤돌
접동새	김소월	교학, 한교
조그만 사랑 노래	황동규	문원, 중앙
즐거운 편지	황동규	지학, 형설, 청문
진달래꽃	김소월	천재, 태성
청노루	박목월	지학, 문원, 상문
초토의 시 8	구상	지학, 천재, 두산, 상문, 태성
초혼	김소월	디딤돌, 금성, 문원
타는 목마름으로	김지하	디딤돌, 금성, 문원, 민중
풀	김수영	지학, 금성, 민중, 한교, 태성
프란츠 카프카	오규원	천재, 태성
피아노	전봉건	태성
해	박두진	두산, 블랙, 민중, 형설
해에게서 소년에게	최남선	지학, 천재, 금성, 두산, 문원, 민중, 한교, 대한, 형설, 태성, 청문, 디딤돌
향수	정지용	지학, 문원, 블랙, 교학, 한교, 상문, 청문, 디딤돌

〈베스트 논술 한국대표문학〉에 실린 시조와 교과서 대조표

* 〈베스트 논술 한국대표문학〉에 실린 시조와 현행 국어 · 문학 18종 교과서의 수록 내용을 비교 · 분석하였다.

작품	작가	출판사
가노라 삼각산아	김상헌	교학, 형설
가마귀 눈비 맞아	백팽년	교학
가마귀 싸우는 골에	정몽주 어머니	교학
강호 사시가	맹사성	디딤돌, 두산, 교학
고산구곡	이이	한교
공명을 즐겨 마라	김삼현	지학
구름이 무심탄 말이	이존오	천재
국화야 너난 어이	이정보	블랙
녹초 청강상에	서익	지학
농암가	이현보	민중
뉘라서 가마귀를	박효관	교학
님 그린 상사몽이	박효관	천재
대추볼 붉은 골에	황희	중앙
도산 십이곡	이황	디딤돌, 블랙, 민중, 형설, 태성
동짓달 기나긴 밤을	황진이	지학, 천재, 금성, 두산, 문원, 교학, 상문, 대한
마음이 어린후니	서경덕	지학, 금성, 블랙, 한교
말없는 청산이요	성혼	지학, 천재
방안에 혔는 촉불	이개	천재, 금성, 교학
백구야 말 물어보자	김천택	지학
백설이 자자진 골에	이색	지학
삭풍은 나무끝에	김종서	중앙, 형설
산촌에 눈이 오니	신흠	지학

작품	작가	출판사
삼동에 베옷 닙고	조식	지학, 형설
산인교 나린 물이	정도전	천재
수양산 바라보며	성삼문	천재, 교학
십년을 경영하여	송순	지학, 금성, 블랙, 중앙, 한교, 상문, 대한, 형설
어리고 성긴 매화	안민영	형설
어부사시사	윤선도	금성, 문원, 민중, 상문, 대한, 형설, 청문
오리의 짧은 다리	김구	청문
오백년 도읍지를	길재	블랙, 청문
오우가	윤선도	형설
이몸이 죽어가서	성삼문	지학, 두산, 민중, 대한, 형설
이시렴 부디 갈다	성종	지학
이화에 월백하고	이조년	디딤돌, 천재, 두산
이화우 훗뿌릴 제	계랑	한교
재너머 성권농 집에	정철	천재, 형설
천만리 머나먼 길에	왕방연	문원, 블랙
청산리 벽계수야	황진이	지학
추강에 밤이 드니	월산대군	천재, 금성, 민중
춘산에 눈녹인 바람	우탁	디딤돌
풍상이 섞어 친 날에	송순	지학, 청문
한손에 막대 잡고	우탁	금성
훈민가	정철	지학, 금성
흥망이 유수하니	원천석	천재, 중앙, 한교, 디딤돌, 대한

〈베스트 논술 한국대표문학〉에 실린 수필과 교과서 대조표

* 〈베스트 논술 한국대표문학〉에 실린 수필과 현행 국어 · 문학 18종 교과서의 수록 내용을 비교 · 분석하였다.

작품	작가	출판사
가난한 날의 행복	김소운	천재
가람 일기	이병기	지학
구두	계용묵	디딤돌, 문원, 상문, 대한
그믐달	나도향	블랙, 태성
꼴찌에게 보내는 갈채	박완서	태성
나무	이양하	상문
나무의 위의	이양하	문원, 태성
낭객의 신년 만필	신채호	두산, 블랙, 한교
딸깍발이	이희승	지학, 디딤돌, 청문
멋없는 세상 멋있는 사람	김태길	중앙
무궁화	이양하	디딤돌
백설부	김진섭	지학, 천재, 형설, 태성, 청문
생활인의 철학	김진섭	지학, 태성
수필	피천득	지학, 천재, 한교, 태성, 청문
수학이 모르는 지혜	김형석	청문
슬픔에 관하여	유달영	문원, 중앙
웃음설	양주동	교학, 태성
은전 한 닢	피천득	금성, 대한
이야기	피천득	지학, 청문
인생의 묘미	김소운	지학
지조론	조지훈	블랙, 한교
청춘 예찬	민태원	금성, 블랙
특급품	김소운	교학
폭포와 분수	이어령	지학, 블랙
피딴 문답	김소운	디딤돌, 금성, 한교
행복의 메타포	안병욱	교학
헐려 짓는 광화문	설의식	두산

베스트 논술 한국대표문학 ❺

발가락이 닮았다

지은이 김동인
펴낸이 류성관
펴낸곳 SR&B(새로본닷컴)
주 소 서울특별시 마포구 망원동 463-2번지
전 화 02)333-5413
팩 스 02)333-5418
등 록 제10-2307호
인 쇄 만리 인쇄사